# 城市道路行程时间可靠性建模及分析方法

陈 鹏 于 滨 著

人民交通出版社股份有限公司

北 京

## 内 容 提 要

本书是国家重点研发计划项目《车路协同系统要素耦合机理与协同优化方法》课题三——"车路协同网络交通态势演化规律及可靠性"(2018YFB1600503)的主要研究成果汇聚与凝练。本书以城市道路为研究对象,从快速路、城市干道、区域路网等不同等级道路出发,深入系统地探讨了城市道路行程时间可靠性的建模及分析方法。本书主要内容包括绪论、行程时间可靠性及评价指标、不同等级道路行程时间可靠性特征分析、基于网格化浮动车数据的快速路行程时间短时预测、基于可变权重混合分布的干道行程时间估计、考虑路段相关性的干道行程时间建模与可靠性评价、基于区域划分的路网行程时间可靠性建模与分析、考虑多路段关联的随机网络可靠路径搜索。

本书适用于交通工程、智能交通、交通管理等相关专业的技术人员、管理与决策人员、科研工作者、研究生、教师与高年级本科生使用。

**图书在版编目(CIP)数据**

城市道路行程时间可靠性建模及分析方法/陈鹏,于滨著.—北京:人民交通出版社股份有限公司,2022.11

ISBN 978-7-114-18166-5

Ⅰ.①城… Ⅱ.①陈… ②于… Ⅲ.①城市道路—交通运输管理—研究 Ⅳ.①U491

中国版本图书馆 CIP 数据核字(2022)第 152521 号

Chengshi Daolu Xingcheng Shijian Kekaoxing Jianmo ji Fenxi Fangfa

| | |
|---|---|
| 书　名: | 城市道路行程时间可靠性建模及分析方法 |
| 著 作 者: | 陈 鹏　于 滨 |
| 责任编辑: | 郭 跃 |
| 责任校对: | 赵媛媛 |
| 责任印制: | 张 凯 |
| 出版发行: | 人民交通出版社股份有限公司 |
| 地　址: | (100011)北京市朝阳区安定门外外馆斜街 3 号 |
| 网　址: | http://www.ccpcl.com.cn |
| 销售电话: | (010)59757973 |
| 总 经 销: | 人民交通出版社股份有限公司发行部 |
| 经　销: | 各地新华书店 |
| 印　刷: | 北京虎彩文化传播有限公司 |
| 开　本: | 787×1092　1/16 |
| 印　张: | 9.5 |
| 字　数: | 215 千 |
| 版　次: | 2022 年 11 月　第 1 版 |
| 印　次: | 2023 年 7 月　第 2 次印刷 |
| 书　号: | ISBN 978-7-114-18166-5 |
| 定　价: | 58.00 元 |

(有印刷、装订质量问题的图书,由本公司负责调换)

# 前　言

行程时间作为表征交通供需作用、描述城市交通运行质量最为直观的交通指标，历来为交通出行者和交通管理部门所重视。随着城市化进程加快、交通供需矛盾日益激化，交通出行者不仅要求缩短行程时间，更期望能够减少行程时间的可变性（Variability），准时到达目的地；而交通管理部门则期望通过合理规划与建设路网布局、优化交通流组织与调控，提高行程时间的可靠性（Reliability），进而为出行者提供更为稳定的交通服务。在此背景下，行程时间可靠性作为一种概率型评价指标，在城市道路系统状态评价领域成为广泛的研究热点。

对于具有强烈时间观念的出行者而言，出行时间和出行路径选择时将道路行程时间可靠性作为重要考虑因素。当出行者由于道路行程时间的不可靠而导致在某条路径多次没有按照预期时间到达目的地时，他便会考虑提前出发或者更换其他行程时间可靠的路径。在我国，行程时间可靠性评估亦逐渐渗透到道路规划、设计及运营管理中，成为发展大城市交通系统基础理论的重要环节。因此，行程时间可靠性为城市道路运行状态分析和出行者决策规划提供了崭新的方法。城市道路行程时间可靠性研究一直是路网可靠性理论研究中的热点问题。然而，相比高/快速路连续交通流行程时间可靠性研究体系的日臻完善，如何科学地解析城市道路行程时间可靠性影响机理并构建评价方法体系已成为亟待解决的关键问题。

本书是国家重点研发计划项目《车路协同系统要素耦合机理与协同优化方法》课题三——"车路协同网络交通态势演化规律及可靠性"（2018YFB1600503）的主要研究成果汇聚与凝练。本书以城市道路为研究对象，从快速路、城市干道、区域路网等不同等级道路出发，深入系统地探讨了城市道路行程时间可靠性的建模及分析方法。从理论角度来说，研究成果为客观评价道路行程时间可靠性提供了有力的分析工具，将丰富路网可靠性理论、拓展交通规划理论与方法。从应用角度来说，研究成果能够为道路运行质量提供更加准确全面的评价标准，为精细化交通规划设计、改善出行服务提供技术支撑。希望本书能为更多致力于交通系统建模与运行优化研究的科研人员提供参考，可促进城市交通管理与控制水平的提升。

本书由陈鹏和于滨撰写，其中陈鹏主要撰写了第1、3、4、5、6章，于滨主要撰写了第2、7、8章。研究生王靓、刘力宁、王巧家、辛海强、谢添、张志豪、童睿、陈敏、冯雪等协助参与了撰写工作，在此一并表示感谢。

作　者

2022年6月于北京

# 目 录

第1章 绪论 ·············································································· 1
  1.1 研究背景及意义 ······························································ 1
  1.2 国内外研究综述 ······························································ 2
  1.3 研究内容及章节安排 ······················································ 12
  参考文献 ·············································································· 14

第2章 行程时间可靠性及评价指标 ············································ 23
  2.1 路网可靠性理论 ······························································ 23
  2.2 行程时间可靠性定义 ······················································ 23
  2.3 行程时间可靠性评价指标 ················································ 24
  2.4 行程时间可靠性影响因素分析 ········································· 26
  参考文献 ·············································································· 27

第3章 不同等级道路行程时间可靠性特征分析 ··························· 28
  3.1 研究数据说明 ································································· 28
  3.2 不同等级道路行程时间可靠性评价 ·································· 28
  3.3 不同等级道路行程时间可靠性建模 ·································· 35
  3.4 路径行程时间可靠性建模 ················································ 40
  参考文献 ·············································································· 41

第4章 基于网格化浮动车数据的快速路行程时间短时预测 ··········· 43
  4.1 浮动车数据采集与处理 ···················································· 43
  4.2 快速路交通状态时空特征分析 ········································· 48
  4.3 快速路行程时间短时预测 ················································ 53
  4.4 实例分析 ········································································ 58
  参考文献 ·············································································· 68

第5章 基于可变权重混合分布的干道行程时间估计 ····················· 69
  5.1 可变权重混合分布模型构建方法 ······································ 69
  5.2 研究数据说明 ································································· 70
  5.3 基于可变权重混合分布的干道行程时间模型构建 ·············· 72
  5.4 拟合结果分析 ································································· 77
  参考文献 ·············································································· 78

**第 6 章　考虑路段相关性的干道行程时间建模与可靠性评价**　79
　6.1　基于 Copula 理论的路段相关性研究方法　79
　6.2　Copula 理论　80
　6.3　干道行程时间建模　85
　6.4　仿真实验与分析　87
　参考文献　98

**第 7 章　基于区域划分的路网行程时间可靠性建模与分析**　100
　7.1　交通运行状态估计　100
　7.2　基于宏观基本图的路网区域划分方法　103
　7.3　路网区域划分实例研究　108
　7.4　区域路网行程时间可靠性建模与分析　114
　参考文献　120

**第 8 章　考虑多路段关联的随机网络可靠路径搜索**　123
　8.1　路径规划　123
　8.2　路段关联性量化分析　124
　8.3　静态随机网络可靠路径搜索　128
　8.4　动态随机网络可靠路径搜索　137
　参考文献　142

# 第1章 绪　　论

## 1.1　研究背景及意义

随着我国社会经济持续发展,城市规模日益扩大,道路网络交通需求迅速增加,导致交通拥堵、出行效率下降等现象普遍发生。交通信息是城市交通管理与控制的基础数据。在各种类型的交通信息中,行程时间由于能够系统反映交通运行状态被广泛关注。随着智能交通系统(Intelligent Transportation Systems,ITS)的发展,交通信息检测手段日益丰富,基于视频、线圈等固定型信息检测装备,基于浮动车、手机定位等移动型信息检测装备,基于低空航拍图像的空地协同信息检测装备,以及信息智能分析技术(如车辆自动识别技术)的应用,使得城市交叉路口、路段、干道交通流检测信息日趋完备,为多层级、多角度解析行程时间演变特征及规律提供了精细化的数据环境。

行程时间反映了从起点到达终点的出行时间成本,受到多种随机因素的影响,如天气状况、节假日、时刻变化、信号控制、交通事故、道路维修与施工以及特殊事件等,表现出较强的不确定性。区别于平均行程时间等非概率型评价指标的广泛研究[1,2],行程时间可靠性的概念最早于20世纪90年代由Asakura等人[3]提出,即车辆(或出行者)在规定时间内能够从起点O到达终点D的概率。随着城市化进程的推进和生活节奏的加快,人们的时间价值观念日益加强,对于出行质量的要求越来越高,期望缩短行程时间的同时提高其可靠性[4]。据Abdel和Kitamura等调查,约54%的受访者表示行程时间可靠性是进行路径选择决策的首要或次要因素[5]。

行程时间可靠性作为一种概率型指标,不仅能够反映道路运行性能的稳定性,而且在面对道路系统突发状况时能够及时提供辅助决策的信息,保障道路安全、可靠运行,提高人们的出行效率[6]。因此,向出行者提供与行程时间可靠性相关的服务信息,能够帮助出行者选择避免拥挤的时段和路径出行,并选择合适的出行方式,减少出行成本。随着智能交通技术的发展,交通规划与管理部门也希望能够缩小行程时间的波动幅度,从而提供更为稳定的交通服务,并且正确认识所面临的交通形势,以便制订切实可行的改善方案或解决方法,降低拥堵发生的概率。

城市道路行程时间可靠性研究逐渐成为交通工程领域的热门课题,但与快速路或高速公路连续交通流(Uninterrupted flow)不同,城市干道间断流(Interrupted flow)由于交通信号控制的存在,始终处于压缩或离散交替转换的状态,呈现出高度的动态、随机、复杂性,其行程时间的评估相对困难[7]。作为干道间断流的瓶颈,交叉路口及相接路段的交通运行状况很大程度上决定了干道的畅通程度与服务水平。受到交通需求变化、交通流到发随机性及信号控制的交互影响,交叉路口延误及相接路段行程时间表现出一定的不确定性,是干道行程时间波动的根源。因此,系统解析交叉路口—路段—干道—路网之间的耦合关系,在动态交通需求、静态交通供给及交通信号控制条件下,开发具有可移植、适应性强的道路行程时间可靠性评估模型,是建设高效、可持续发展的智能交通系统的重要理论基础,对于综合评价路网运行状态、提升交通信息服务水平具有重要现实意义。

综上,行程时间可靠性为城市道路运行状态分析及评价提供了崭新的方法和手段。相比高/快速路连续交通流行程时间可靠性研究的日臻完善,如何科学地解析干道及区域路网行程时间可靠性影响机理并构建评价方法成为亟待解决的关键问题。虽然国内外学者在宏观层面对行程时间可靠性评价方法进行了深入研究,但尚缺乏在交叉路口、路段等中微观层面对可靠性影响机理的系统解析,这恰恰是精确建模道路行程时间可靠性的关键所在。从理论角度来说,本书的研究成果将丰富和发展路网可靠性理论,为客观评价道路行程时间可靠性提供了有力的分析工具。从应用角度来说,本书的研究成果能够为道路运行质量提供更加准确、全面的评价标准,为精细化交通管理与控制、服务出行决策提供理论依据与技术支撑。

## 1.2 国内外研究综述

### 1.2.1 行程时间采集技术

行程时间分析依赖于道路交通信息的采集,浮动车系统信息采集技术是一种有效的方式和途径。浮动车是指安装无线通信装置并具有定位功能的车辆(通常是出租车、公交车、警车等)[8],能够即时便捷地与交通信息中心进行频繁的信息交换。当浮动车在道路上行驶时,可以按照一定的频率观测车辆行驶速度和位置坐标等参数,记录来自路网纵剖面的交通流数据。与传统固定型交通信息采集方式不同,浮动车系统运行简便,时空覆盖范围广,具有实时性强、准确性好、安装和维护成本低、投资效率高等特点,在世界范围得到普遍认可,并逐渐成为国内外学者的研究热点。

浮动车系统诞生于20世纪80年代初,浮动车系统信息采集技术是智能交通系统中获取城市道路交通信息的先进技术手段[9,10],可为衡量城市交通运行状况提供基础数据。浮动车交通信息采集技术的基本原理是:利用GPS(Global Positioning System)定位技术、无线电通信技术和信息处理技术,实现对浮动车的瞬时速度、经纬度坐标、瞬时方向角等交通数据进行实时准确地采集。一般而言,浮动车信息采集系统由GPS信息采集与接入、GPS信息融合与处理和浮动车交通信息发布三部分组成,以实时交通信息为支撑,能够有效缓解城市交通拥堵、提高交通运输效率、降低环境污染和保证交通安全。

浮动车技术在我国发展迅猛,目前,全国范围内的浮动车交通信息采集系统正在大力研发和推广应用。各大中城市均构建了浮动车交通信息采集系统并取得了一系列的研究成果,也积累了相当可观的数据量。如何从海量的浮动车数据中挖掘能够帮助交通管理者更好改善交通运行状况的动态特征成为时下研究的热点和难点。基于此,国内外学者进行了广泛而深入的研究。最简单的浮动车数据可视化方法为直接绘制浮动车轨迹的GPS散点图,采用颜色描绘其瞬时速度,但这种高度离散化的方法不能系统反映交通状态在时空范围内的演化并揭示其动态演化特征[11]。相较于离散的轨迹散点图,交通工程师们更希望利用交通时空图识别交通拥堵,以便直观揭示交通状态的时变特征。一般而言,时空图构建基于固定型检测器数据[12,13],鲜有基于浮动车轨迹数据的探索。Kerner 等和 Herrera 等人的研究具有一定的代表性,他们运用地理信息系统技术和地图匹配技术,基于浮动车轨迹数据绘制了交通时空图[14-17]。然而,凭借电子地图和地图匹配绘制交通时空图,对于一般的交通研究者而言存在挑战,一方面,这些技术较为复杂,交通工程师们在短时间之内难以完全掌握;另一方面,这些技术依赖昂贵的软硬件平台,企业难以开放电子地图信息给一般的研究者。

综上,传统的行程时间分析大多基于线圈等固定型检测器,而将浮动车技术应用于动态交通信息采集和城市交通基础数据的收集具有广阔的市场前景。现有浮动车数据处理方法复杂、效率低下、实时性差,致使基于浮动车数据的行程时间分析研究受限于数据形式等原因,无法充分考虑交通时空特征,模型鲁棒性差,因此,需要探求一种能够简单、高效处理海量浮动车数据的方法,快速准确估算路段行驶速度,从而更好地揭示交通状态的时变特征,以便分析道路行程时间。

### 1.2.2 交叉路口延误随机性

交叉路口延误的不确定性是路段、干道行程时间可靠性的决定因素[18],解析交叉路口延误随机性及演变规律可以更好地理解干道行程时间的波动,进而服务于干道行程时间可靠性模型构建。传统路网可靠性研究面向简化路段及路径,对交叉路口可靠性的定义比较模糊,或者假设交叉路口完全可靠[19];而实际上路网由交叉路口和路段构成,交叉路口及相接路段一直是影响路网运行状态的瓶颈[20]。近年来,国内外学者围绕交叉路口延误随机性开展了大量的研究工作,研究脉络如图 1-1 所示。

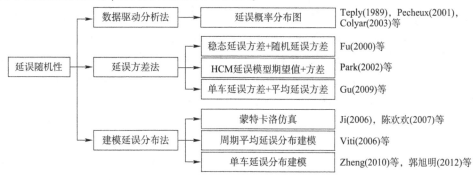

图 1-1 交叉路口延误随机性研究脉络图

交叉路口延误随机性研究分为三类方法。第一类方法是数据驱动分析法;基于实际观测延误数据构建概率分布图、对随机特性进行分析[21-23]。第二类方法是延误方差法;该类方法采用不同形式的延误方差作为延误可靠性的量化指标,如"稳态延误方差 + 随机延误方差"[24]、"HCM 延误模型期望值 + 方差"[25]、"单车延误方差 + 平均延误方差"[26]等;然而,建模过程多基于简化交通流环境,如假设交叉路口无初始排队、车流在周期内均匀到达等,难以准确刻画干道信号协调控制下交叉路口排队随机特性及延误变动规律。第三类方法是建模延误分布法;该类方法通过建模延误的概率密度分布函数研究延误的可靠性,是对干道行程时间可靠性评价的有机补充。蒙特卡洛仿真作为建模行程时间可靠性的常用方法,亦被用于交叉路口延误随机性的研究,如 Ji[27]、陈欢欢等人[28]分别开发了 HCM 延误不确定性评估模型及延误—承受能力模型。在延误分布解析建模方面,代尔夫特理工大学的 Viti[29]建立了交叉路口信号周期平均延误概率模型,同为代尔夫特理工大学的 Zheng[30]建模了信号交叉路口单车延误的概率分布,并与微观仿真软件 VISSIM 分析结果对比得出一致性。国内,清华大学的郭旭明[31]根据交叉路口延误的分布规律提出了交叉路口在一定可靠性下的通行延误估计模型和计算方法。然而,目前的研究仍缺乏对交叉路口延误可靠性影响机理及演变规律的系统性分析成果;交叉路口单车道的普遍假设难以准确刻画不同流向车流之间潜在干扰对延误概率分布的影响;同时,如何将交叉路口延误随机性"关联"到路段及干道行程时间可靠性的评估,是个仍未解决的关键问题。

### 1.2.3 行程时间可靠性

1) 行程时间分布

行程时间可靠性表示出行者在一定时间内到达目的地的可能性,是行程时间概率密度分布的函数,等于行程时间概率密度函数的积分。现有大多数关于行程时间可靠性的研究致力于确定拟合行程时间概率密度分布的最优模型。行程时间分布的解析可分为路段和路径层面。其中,路段行程时间分布形式大概可分为三类:单一分布形式[32-36]、混合分布形式[37-39]和截尾分布形式[40-42]。

单一分布形式指只应用一种标准分布拟合行程时间分布。常用的单一分布包括:正态分布、对数正态分布、伽马分布、威布尔分布等。陈琨等人结合北京市出租车 IC 卡数据,分析单位距离行程时间的概率分布,并指出对数正态分布对单位距离行程时间的拟合效果优于正态分布[43]。Nie 等人采用伽马分布分别拟合了早高峰、中午、晚高峰期间城市道路的行程时间[44]。Kieu 等人选择韦布尔分布、对数正态分布、威布尔分布、伽马分布和正态分布拟合公共交通行程时间,发现对数正态分布具有良好的拟合效果[45]。陈娇娜利用大量高速公路收费数据研究路段行程时间概率分布特性,采用极值分布、对数正态分布、正态分布和威布尔分布对路段行程时间的概率密度函数进行曲线拟合,结果表明:极值分布的误差平方和最小,拟合优度最接近于 1,利用极值分布表征路段行程时间分布效果最佳[46]。

混合分布形式是指采用两个或两个以上标准分布的叠加分布表示行程时间分布。其中,分布组合可来自同种类型的标准分布,也可来自不同类型。混合分布的组合较单一分布多,因此混合分布的拟合优度通常较好。典型的混合分布模型为高斯混合分布模型(Gaussian Mixture Model,GMM)。理论上,如果高斯混合分布模型足够复杂,即由足够多的高斯分布混合而成,便可逼近任意的连续概率密度函数。Chen 等人比较了二元高斯混合分布模型、三元高斯混合分布模型、高斯分布与对数正态分布的混合分布模型等对城市道路行程时间分布的拟合程度[37]。Guo 等人讨论了多元正态分布、伽马分布和对数正态分布,结果显示多元对数正态分布的拟合效果突出,尤其在高峰时段[39]。汤月华基于已有行程时间分布模型,利用威布尔分布、对数正态分布、正态分布以及高斯混合分布四种分布模型,拟合了杭州市 11 个路段的公交站点行程时间数据,并确定了拟合优度最高的分布模型[47]。选取每个路段高峰和平峰的行程时间数据,共计 22 组数据。K-S 检验结果显示:拟合优度从高到低依次为三元高斯混合分布、二元高斯混合分布、对数正态分布、威布尔分布以及正态分布。

截尾分布形式是指将标准分布的取值限制在一个特定的区间范围内,去掉标准分布的长拖尾部分,再将中间部分的概率密度函数进行对应比例的放大。如果采集到的数据量较大,限制区间范围的上下限可分别由采集到的行程时间数据中的最大值和最小值确定。Zeng 等人通过浮动车采集的 GPS 数据计算行程时间,并采用正态分布、对数正态分布、截尾对数正态分布和截尾正态分布拟合路段行程时间,结果表明截尾分布的拟合优度优于单一的标准正态分布和对数正态分布[40]。

通过移动检测技术只能获取某一路径的行程时间数据,往往不能满足评价行程时间可靠性的样本量需求,而利用路段行程时间概率密度分布模型的分析方法,可构建路径行程时间概率密度分布模型,进而评价路径行程时间可靠性。目前对于路径行程时间可靠性的计算方法可分为不考虑路段关联性(即假设路段之间相互独立)和考虑路段关联性两种情况,主要包括三大类方法:经验分布拟合法、模拟分析法和解析法。研究脉络如图 1-2 所示。

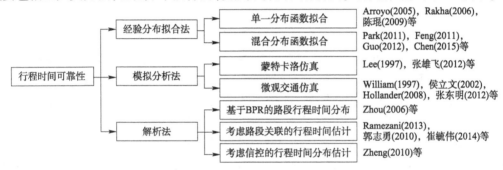

图 1-2 路径行程时间可靠性研究脉络图

(1)经验分布拟合法。经验分布拟合法是指应用统计概率分布函数拟合实际观测的行程时间数据。

常见的用于拟合行程时间的分布有正态分布、对数正态分布、伽马分布、威布尔分布等,初期对行程时间分布的研究多以单一分布形式为主[48-50]。由于平均行程时间在间断流或堵塞情况下,相比于自由流会因为延误或停车产生很大的差别,单一分布模型在包含多个交叉路口的信号控制干道下并不能较好地拟合行程时间分布。Teply 和 Evans[51] 发现了单一分布模型的局限性,但由于条件所限,未能对间断流行程时间分布提出合理的拟合方法。Guo[52] 等建立了多状态混合分布模型用于研究行程时间的可靠性,并使用快速路数据进行验证,结果表明行程时间的分布并不服从简单的单状态分布,而是两个或多个正态分布(或其他单分布形式)的叠加,但并未考虑间断流情况下行程时间分布规律的变化。Kazagli 和 Koutsopoulos[53] 采用两个正态分布作为混合分布模型的两个部分,提出了一套可靠处理 AVI 行程时间数据的方法论并测试了适用性。结果显示两个正态分布的混合分布模型可用来拟合城市道路的行程时间分布,且可分为连续通过研究路段和由于某些原因延迟通过两部分,但并未对产生延误的原因进行深入分析。同济大学张勇等人[54] 实证分析了干道行程分布在一天中的变化情况,发现行程时间概率分布存在偏峰和时滞现象,行程时间的分布并不服从正态分布。Guo,Li 和 Rakha[55] 也注意到偏态分布的影响,采用对数正态分布及伽马分布等偏态分布优化混合分布模型,拟合拥堵状态经常出现的非对称分布。结果显示混合分布模型较单一分布模型在拥堵或近似拥堵状态下效果更优,偏态分布在高峰时段较正态分布

5

拟合效果更优。

(2)模拟分析法。模拟分析法即为通过蒙特卡洛仿真或开发微观交通仿真模型对路网场景进行反复实验,研究行程时间的分布函数。

Park,Rakha 和 Guo[56]利用 Integration 和 Queens OD 软件对微观交通仿真模型及校准程序进行了验证,证明了微观交通仿真能够仿真行程时间的多峰分布趋势,可用于行程时间可靠性建模的统计分析验证,也可用于混合分布模型参数估计。Lee[57],张雄飞[58]等人则通过蒙特卡洛仿真对行程时间分布函数进行了深入的研究。

以上两类方法基于大量实测数据或仿真试验数据标定行程时间分布的模型参数,并未明确考虑交通流到发随机性与交通信号控制等对行程时间分布的影响,限制了模型的适用性。

(3)解析法。解析法是指通过理论推导解析随机交通过程、交通信号控制对行程时间可靠性的影响。

Hellinga 和 Fu[59]考虑了干道信号配时对行程时间分布特征的影响,提出了减小平均行程时间估计误差的方法,但并未对其分布进行深入研究。瑞士洛桑理工大学 Ramezani 等人[60]通过分析干道连续路段的行程时间并统计其相关性,但建模基于海量历史数据,未能量化信号控制对行程时间分布的影响。Feng 等人[61]利用 GPS 探测车数据对干道行程时间分布特征进行研究,并考虑路段几何尺寸及信号配时,将其作为参数建模至混合分布均值和方差的估计模型中。Li,Rose 和 Sarvi[62]采用车牌识别(Automatic Vehicle Identification,AVI)数据对特定路段行程时间可变性的影响因素进行分析,并考虑天气、交叉路口、研究时间、交通事故等因素建立多元回归模型。在干道可靠性机理解析方面,代尔夫特理工大学 Zheng 等人[63]的研究具有代表性,分析了上下游交叉路口不同协调控制方案下路段行程时间的分布差异,但上下游相同信号控制参数的假设降低了模型的适用性;同时,对于如何将交叉路口之间单路段的行程时间分布拓展至干道多路段的行程时间分布估计,未深入进行工作。东南大学郭志勇等人[64]利用浮动车数据,在路段相互独立的假设下,利用串联系统理论建立了城市干道路径行程时间可靠性模型。上海交通大学崔毓伟[65]等人指出当考虑路段间行程时间的相关性时,路径行程时间分布不能通过简单的串联关系得到。上述解析方法的研究或存在诸多理论假设或建模粒度不够精细,难以精确量化交通信号控制对路段行程时间的直接影响,亦不能表征干道层面多路段之间行程时间分布的耦合关系、实现干道行程时间可靠性的实时估计。

2)行程时间可靠性评价

为了量化行程时间可靠性,增强人们对行程时间可靠性的直观了解,研究人员定义了一系列行程时间可靠性评价指标,包括行程时间的均值、标准差、变异系数、缓冲时间、行程时间分位数、遭遇指数、斜度和宽度等[66-72]。以上评价指标大致可分为三类:概率型指标、统计型指标和缓冲时间型指标[73,74]。其中,概率型指标包括标准差、方差和变异系数等,主要以概率密度分布的形式体现行程时间满足某种给定条件的概率。统计型评价指标包括行程时间分位数、计划行程时间指标、行程时间指标、斜度和宽度等,主要根据历史或实时数据计算分析行程时间的可靠程度。缓冲时间型指标包括缓冲指标、准点到达率、遭遇指数和拥堵频率等,缓冲时间指标表示为准时到达目的地而在平均行程时间的基础上额外花费的时间。

常用评价指标见表1-1。

**行程时间可靠性评价指标** 表1-1

| 评价指标类型 | 指标含义 | 评价指标 |
|---|---|---|
| 概率型指标 | 行程时间满足给定条件的概率 | 均值、标准差、方差、变异系数 |
| 统计型指标 | 根据历史数据计算行程时间可靠程度 | 行程时间分位数、计划行程时间指标、波动行程时间指标、斜度和宽度 |
| 缓冲时间指标 | 为保证准时到达除平均行程时间额外花费的时间 | 缓冲指标、准点到达率、遭遇指数 |

3）行程时间预测

城市道路系统在宏观上是一个巨大的复杂网络，每一条道路纵横交织在一起，所有车辆按照各自的出行目的在每条道路之间穿行，致使整个交通系统形似高频动态变化的网络。由于受到居民出行、城市功能规划、气候、地理因素限制及社会活动等影响，城市道路交通流时时刻刻均在变化，同一区域道路不同时段、同一时刻不同区域道路等交通流分布情况均不一样，因此城市交通流呈现出一定的随机性和时变性。

行程时间是指车流通过给定目标路段的行驶时间，行程时间的长短极大程度上受限于城市交通状况，因此它能够在一定程度上从全局角度实时反映城市路网服务水平，是交通管理和交通控制的重要依据，在交通指挥、交通诱导、交通控制中发挥着极其重要的作用。因此实时准确的行程时间预测将有助于改善路网的服务水平。行程时间预测是指在时刻$t$对下一个决策时刻乃至若干时刻$t+\Delta t$的交通状态进行实时预测[75-80]，一般认为$t$到$t+\Delta t$之间的时间跨度不超过30min为短时交通预测。作为先进的智能交通系统的关键技术之一，国内外学者对智能交通系统短时交通预测已进行了卓有成效的研究工作，提出了多种类型的行程时间短时交通预测模型和方法。参考最新研究进展，行程时间短时预测模型可大致分为参数模型和非参数模型两大类。

基于参数模型的行程时间短时预测方法的基本思想是通过建立精确的参数预测模型估计未来的交通状态，具体包括线性回归模型、时间序列模型、卡尔曼滤波、自回归积分滑动平均模型、贝叶斯模型、马尔科夫链和交通波模型等。由于基于参数模型的行程时间短时预测方法具有结构复杂、面临参数过多等问题，难以满足对复杂交通系统预测精度的需要，并且参数模型本身依赖较强的假设条件，不能有效应对交通系统的高度非线性和不确定性，尤其当交通状态波动较大时，预测效果明显下降。基于非参数模型的行程时间短时预测方法则不需要建立精确的模型表达，其基本思想是通过对大量历史数据的分析，挖掘交通流参数的内在演化规律，并以此作为预测依据。具体包括神经网络模型、支持向量机模型、K-最近邻模型和集成学习模型等，非参数模型不需要很强的外部假设条件，具有预测精度高、可移植性强等优点，但模型一般比较复杂，对数据量要求很大，且训练时间较长，求解速度慢。

时间序列模型是针对实际问题中随时间变化而呈周期性波动的随机序列进行建模，利用参数化模型处理时间序列数据，获取时序数据的潜在统计规律，并利用当前和历史的观测值预测未来值的方法。本书著者陈鹏等提出了一种时间序列模型，通过构建交通状态和行程时间的关系，将当前交通状态和历史交通状态相结合预测下一个时间间隔的行程时间，该模型简单高效,预测效果较好[81]。Rice等以高速路的采集数据为例测量两点间的行程时间,提出了一种简单高效的线性回归预测模型,该模型计算量小,所需设备简单,适合在特定流量范围内和特定路段进行预测,当实际交通状态与参数标定的交通状态差别显著时,误差明显增大,严重降低精度[82]。

贝叶斯模型的主要思路是根据样本信息修正先验认识,从而得到后验结果。在贝叶斯模型的理论框架中,构建求解待估参数的后验概率是关键。Fei等提出一种实时动态贝叶斯线性模型进行短时行程时间预测,并将其分别应用于常发和偶发的交通拥堵情形下,取得了较好的预测效果[83]。

交通波模型以交通流理论为基础,提供了一个基于交通流量、出行时间和占有率三者关系的模拟实际交通状态的预测模型。Wang等提出了一种将宏观交通流和卡尔曼滤波相结合的模型,利用检测器数据和浮动车数据预测快速路行程时间。但是,预测精度随预测时间间隔跨度增大而急剧下降,表明该模型无法适应交通状态高度时变特性[84]。

Lam等提出了一种基于支持向量回归的方法用于行程时间预测,该模型运用核函数将输入数据映射至高维空间,解决维数灾难问题,使其能够在现有信息下获得全局最优解,但该模型运算过程复杂,求解速度较慢[85]。

神经网络模型无需任何经验公式即能自动获取数据内在规律,动态调整网络输入至输出的映射,保证预测结果的可靠性,因此神经网络预测模型被应用于交通预测的各个方面。Lv在考虑交通状态时空关联性的基础上,提出了一个基于堆叠的自编码器进行交通流量预测的模型,预测精度较好[86]。Huang等人提出了一种改进的径向基神经网络预测模型,通过增加隐藏层数目,使用深度学习进行多任务的学习,预测模型精度高、效果好[87]。Zeng和Zhang提出了一种考虑时空相关性的循环神经网络,预测快速路行程时间,能够充分挖掘交通时空特征,预测精度高[88]。但是,以上模型对数据量和数据精度要求高,且需要较长时间的训练过程,难以满足实时性要求。

K近邻算法作为另一种非参数模型,由于其具备适用于高度不确定性和非线性的动态系统的优点,在交通预测中广泛应用。Habtemichael提出了一种基于改进的KNN算法进行交通流量预测,其中将相似性度量、权重分配等进行了改进,使模型精度大幅提高,方法可移植性强、预测精度高,适用于不同系统状态等应用场景[89]。Bajwa和Kuwahara提出了一种基于模式匹配算法的行程时间预测方法,将当前交通状态与历史交通状态匹配,通过对历史行程时间赋予不同的权重预测未来行程时间,模型简单、高效[90]。但是,这类方法未充分考虑交通时空特征,难以在大规模路网中应用。

交通流运行本身受到多种因素影响,这些因素往往是不确定甚至是变化的,并且不同影响因素之间还可能存在相互作用,为了能够从多层次、多角度描述交通流状态,国内外学者们运用集成学习的方法尝试将多种预测模型进行组合,提出了混合预测模型,以达到提高预测精度的目的。Nikolas提出一种组合模型,先将历史数据运用高斯混合分布进行聚类,然后结合交通波理论对行程时间进行预测,将多种机器学习算法集成在一起,取得了较好的预测效果[91]。Li等人提出了一种融合K均值聚类、分类回归数和神经网络三种方法的混合模型,对非常发性拥堵下的行程时间进行预测。混合模型虽然能够整体提升预测精度,但常常使得模型更加复杂,一定程度上降低了模型的处理速度[92]。

## 1.2.4 区域均质路网划分

城市道路网络规模庞大,交通运行状况复杂多变。Ji[93]在其研究中指出如果路网均质,包含的路段具有相似属性,则可对路网进行准确的宏观基本图定义,并引入简单的控制策略即可改变均质城市路网交通的流动性,无需获取单个路段的细节。然而,城市路网通常具有异质性,表现为交通拥塞在路网中空间分布不均。为了进行更为精细的区域路网行程时间分析,需要对交通拥塞空间分布不均的路网进行空间区域划分,以获得均质区域。

网络分区问题被证明为 Non-deterministic Polynomial(NP)问题,针对该问题国内外众多学者提出不同的解决方案。现阶段城市路网区域划分主要从两个角度进行:一是基于路网中的交叉路口划分区域路网;二是基于路网中的路段划分区域路网。

1)基于交叉路口划分区域路网

Walinchus[94]为了改进城市交通控制系统,首次提出当区域路网交通运行特征不一致时对路网进行分解,基于交通状况建立标准,通过该标准判断交叉路口是否与路网分离。石建军等[95]提出将饱和度、信号周期、交叉路口距离作为区域划分的重要参数。但仅基于单一参数对路网进行划分,影响划分结果的准确性。徐丽群[96]使用与交叉路口相连的道路等级、相连道路数量、交叉路口交通量计算节点重要度,从小到大排序,确定路网 hub 点,使用树生长算法连接 hub 点和与之相连节点中重要度最高的节点,逐层扫描直到 hub 点生成的树状图相交,但该方法 hub 点数量需自行设定,在实际应用中存在不足。Liu 等[97]从交通控制的角度出发,分析影响路网区域划分的相关因素,并根据相关影响因素提出基于灰色关联度的区域路网划分方法,该方法能够定量描述交叉路口之间的关系,但将其应用于大型路网时分区效率有待进一步提升。Zhou 等[98]根据时间间隔内交叉路口间平均交通流量、车道平均排队长度、路段长度、车道数计算交叉路口间的关联度,计算两个相邻交叉路口之间的互联需求,其值表示每条边的连接强度,并改进 Newman 快速算法将其应用于加权网络中,对大规模城市交通网络进行划分。结果证明将社区划分算法应用于大型复杂网络,可实现高效分区。Hamideh 等[99]提出两种启发式算法对路网中的交叉路口进行划分,一种采用递归迭代方法,沿着路网最稀疏的割点进行划分,直至达到平衡条件;另一种采用贪婪网络优化方法,沿着交通流量高的路段进行迭代,直至网络中节点数等于所需分区数目。该研究所提方法需提前设定最佳分区数目,将其应用于不同路网时,对平衡条件及分区数目的设定均需进一步对比分析。马莹莹等[100]基于经典区域路网划分方法,使用谱聚类算法以相邻交叉路口的关联度为划分依据,并使用平分法、均值划分和距离划分三种方法,分别对第二大特征值对应的特征向量进行划分并验证,结果证明使用均值进行划分具有较好的分区效果。林丹[101]对 Newman 快速算法进行改进,使用路网中交叉路口之间的距离和交通流量计算边权,结合复杂网络度特性构建点权,并对点权和度进行加权共同衡量节点重要性,但该方法根据经验值分配点权和度的权重,对最终分区结果产生影响。郑黎黎等[102]将路网抽象为加权复杂网络,将交叉路口之间的行程时间作为边权,并使用社区划分方法中的 GN 算法对路网进行划分,并在仿真路网中验证该方法的有效性,但 GN 算法效率较低,无法高效地应用于大规模路网时。

2)基于路段划分区域路网

自 Geroliminis 和 Daganzo[103]首次发现城市路网宏观基本图(MFD)的存在,路网分区研究得到进一步拓展,从以交叉路口交通运行参数为区域划分依据,转变为以各路段的交通运行参数为依据,分析各区域的宏观基本图和区域内交通运行状态的同质性评价分区结果。

Ji 等[93]基于单模式宏观基本图理论对非均质道路交通网络进行划分。首先使用归一化划分算法(Normalized Cut,Ncut)对路网进行初始划分获得多个初始化区域,然后使用 Johnson[104]提出的凝聚聚类算法对获得的初始化区域进行合并,确定最佳聚类数目,最后基于区域集群内路段密度方差最小化的分区准则对合并后的区域边界进行调整。通过对旧金山市中心包含约 100 个交叉路口的路网进行仿真,证明相比于传统的 K-means 聚类算法,提出的"初始化区域划分—区域合并—边界调整"三步划分机制具有更好的分区效果及鲁棒性。使用归一化划分算法进行初始化区域划分,具有较好的分区效果,但算法需要根据路网交通参数和路段空间关系计算 Laplace 矩阵特征值及对应的 Fiedler 向量。当道路交通网络包含大量路段时,计算复杂度高,耗时长,效率下降。同时,该方法需要多组实验确定最佳区域划分数,增加了工作量,降低了实际应用时的效率。

陶黎明[105]利用实际路网中基于自动车牌识别技术提取的交通密度参数,对 K-means 聚类算法在路网区域划分中应用时的不足进行改进。在 K-means 聚类算法中引入连接性约束,保证区域内路段连接的紧密性,最后与 Ji 提出的路网区域划分体系进行对比,证明了其异质性路网区域划分中的应用价值。然而,改进后的 K-means 聚类算法仍然没有避免 K-means 算法自身的不足:对离群点和噪声点敏感,中心位置的选取易受影响;聚类数量难以确定,需要对多组实验结果进行对比以获得最佳分区数目;初始值对结果影响较大,可能每次聚类结果均不同,结果具有不稳定性;最后的结果为局部最优而非全局最优。同时,该研究未对路网分方向进行划分,忽略了高峰时期潮汐车道因素对其的影响,分区结果存在不足。王晓轩[106]基于浮动车数据,使用 VISSIM 仿真平台搭建路网。对 FCM 模糊聚类算法进行改进,改进后的算法可根据数据计算确定聚类集群数和初始聚类中心,同时提高了聚类效率。对比 K-means 聚类算法具有更好的分区效果,但对路段不同行驶方向的交通运行参数直接通过求和取平均值,忽略了不同方向路段之间交通状态的差异,对实际分区效果产生影响,同时改进后的 FCM 算法运行效率仍有待提高。

傅惠等[107]基于 Ji 提出的路网划分机制,以社会车辆和公交车速度作为划分依据,使用区域生长算法(Region Seeds Growing,RSG)[108]结合综合评价方法(Technique for Order Preference by Similarity to an ideal Solution,TOPSIS)[109]进行初始化区域划分,并使用遗传算法 NSGA Ⅱ结合 TOPSIS 进行区域合并,最后进行区域边界调整。使用深圳市社会车辆和公交车的浮动车数据进行路网区域划分实验,结果表明该方法能够得到异质性较小的区域,每个区域的 MFD 得以更准确表示。但是 RSG 算法中使用 K-means 聚类算法选择生长种子点,该方法受到 K-means 聚类算法影响,结果同样具有不稳定性,聚类数目需要通过多组试验进行确定。

Saeedmanesh 等[110]提出可以用少量的集群描述交通运行状态空间分布存在差异的路网中的主要拥堵地区,提出一种聚类算法:首先,从一条路段开始根据相似性迭代添加一条相邻道路,并生成道路序列;其次,根据第一步得到的序列,定义路网中每对道路之间的相似度;最后,利用非负对称分解框架将路段分配给具有较高内部相似度的集群。但该方法并未考虑区域的紧凑性,在交通管控的实际应用中存在不足。Gu 等[111]提出一种基于路段交通密度的双分区方法,在拥挤的单中心城市中识别最优限制区域,为路网中的每条路段提出一个复合相似性指标度量,作为密度相似性度量和距离相似性度量的加权平均值,并将得到的相似度矩阵输入图聚类方法的对称非负矩阵中,对路网进行双划分,并使用仿真动态交通分配模型在墨尔本路网中进行验证。该方法保证了分区结果的紧密性,但仅可对单一中心的城市进行二分,限制了方法的应用范围。

Dimitriou 等[112]采用一种针对图的划分模型 METIS 对路网进行划分。该方法无法自动确定最佳分区数目,需要多组试验确定分区数目。An 等[113]提出一种自下而上的方法对路网进行划分,每个分区具有不同的 MFD 属性。基于 Lambda 连通性的概念和区域增长算法提出路网划分方法:在实现初步区域增长的基础上,使用迭代区域增长模块获取拥堵传播现象,进一步增长获得初始化区域,并进行区域合并,最后进行边界调整。该方法允许将不完整交通流量数据作为输入,同时无需预先设定所需区域数量,但该方法在大规模路网上的运行效率仍需进一步验证。

### 1.2.5 路网可靠路径规划

根据路网行程时间信息,出行者可进行路径规划。相关研究可大致分为两类,一类是假设路段独立的路径规划问题,另一类是考虑路段关联性的路径规划问题。

1) 假设路段独立的路径规划问题

这类研究可根据最优路径评判标准的不同分为两大类,一类的目标函数是最小化期望行程时间,另一类的目标函数是最优化行程时间可靠性需求。

第一类研究致力于求解最小化期望行程时间的路径。经典的两点间最短路径搜索算法包括 Dijkstra 算法[114]、Floyd 算法[115]等。求解时变随机网络中最小化期望行程时间路径的问题首先由 Hall 提出[116]。Hart 等人提出了 A*启发式搜索算法,算法利用与问题相关的启发式函数指导搜索的方向,比 Dijkstra 算法更具有目的性,可大幅缩减搜索域,节约搜索时间[117]。A*启发式搜索算法的启发式函数主要是为了对每个待拓展的节点进行评估,算法会优先选择更可能是最优路径上的节点拓展路径,不断重复直至找到目标节点。然而,不同的启发式函数直接影响搜索结果和计算效率。Goldberg 提出 ALT 算法,利用预处理方法,在搜索前获取每个节点更接近真实值的启发值,在加快搜索的同时使得搜索结果更优[118]。谭国真在理论上证明传统的 Dijkstra 算法不能够有效地应用于动态最短路径的求解,提出一种后向型的改进标号算法,求解先进先出(First in first out,FIFO)网络和非先进先出网络的路径搜索问题[119,120]。

第二类研究在路径搜索时考虑了出行者对于行程时间可靠性的要求。该类研究又可根据行程时间可靠性考虑方式的不同分为两种,一种是在确定的行程时间预算约束下最大化准点到达的概率[121-124];另一种是在确定的准点到达概率约束下最小化行程时间预算[125,126]。Fan 和 Nie 基于动态规划求解最大化准点到达概率的路径搜索问题,并借助连续逼近序列研究算法收敛性。Wu 和 Nie 也研究了最大化准点到达概率的路径搜索问题,提出一种基于随机占优理论冒险型路径选择的统一建模方法[127],后来又基于线圈检测器采集的数据和高速公路收费站的进出口数据进行研究,提出一种基于自适应离散的卷积方法求解路径行程时间分布。该方法与传统卷积方法相比,可在准确表示行程时间分布的同时,减少计算量,提高算法效率[128]。Chen 等人研究了在确定的准点到达概率约束下,最小化行程时间预算的路径搜索问题,并提出向前和向后搜索时变可靠路径搜索算法,分别对应确定出发时间的情况下最早到达的最优可靠路径和确定到达时间的情况下最晚出发的最优可靠路径[129]。

2) 考虑路段关联性的路径规划问题

考虑路段关联性的路径规划问题自然考虑了行程时间可靠性。可根据行程时间是否随时间变化而变化,分为静态网络路径规划问题和动态网络路径规划问题。

静态网络一般假设行程时间在一个时段内均符合同一个分布,并在整个路径搜索的过程中该分布不变。在静态网络中搜索到的最优路径,也常被称为"先验路径"。也就是说,出行者在出发前对整条路径已规划完毕,并且出行者在旅途中不会改变原始路径。Ji 等人假设路段行程时间服从正态分布和对数正态分布,提出一种基于蒙特卡洛仿真的遗传算法求解多目标 α-可靠度最优路径搜索问题。在路径搜索过程执行前,通过蒙特卡洛方法生成路段独立和路段关联两种情况下各路段的行程时间随机数,将路段行程时间随机数叠加并排序即可得到路径行程时间分布,并以此确定多目标下的最优路径[130]。Karthik 等人提出基于可靠性边界的路径最优化条件[131]。Zeng 等人选用截尾对数正态分布拟合路段行程时间,以正态分布拟合路径行程时间,利用拉格朗日松弛方法和科列斯基分解式求解静态随机网络中的 α-可靠度最优路径[132]。Zhang 等人假设静态随机网络中的路段行程时间分布为正态分布,提出基于凸问题重组、改进的拉格朗日乘子更新方法的拉格朗日松弛算法[133]。

动态网络中,行程时间及其分布随时间的变化而变化。动态网络在相关研究文献中也常被称为时变网络或时间依赖型网络。动态最短路问题最先由 Cooke 和 Halsey 于 1966 年提出,将时间离散化、以离散间隔的整数倍表示路段的行程时间,并利用 Bellman 算法计算网络中任意两点间的最短路径[134]。在动态网络中搜索到的最优路径,也常被称为"自适应路径"。Mojtaba 等人采用基于 n 点动态交叉算子的多目标遗传算法求解动态随机网络下的非劣路径集,并借助 Taguchi 方法调整遗传算法中的参数[135]。Chen 等人假设路段行程时间分布为正态分布,建立三个路径占优条件,并提出一种多指标 A* 算法求解动态随机网络下的路径选择问题。Yang 和 Zhou 建立等效线性整数规划模型,利用拉格朗日分解方法二元化耦合约束,求解考虑路段关联性的动态随机网络路径搜索问题[136]。

## 1.3 研究内容及章节安排

### 第1章 绪 论

主要介绍本书的研究背景和研究意义,对国内外研究现状进行阐述分析,包括行程时间采集技术研究现状、交叉路口延误随机性研究现状、行程时间可靠性研究现状、区域均质路网划分研究现状、路网可靠路径规划研究现状等,指出现有研究方法的不足之处和潜在改进方向,引出本书主要研究内容。

## 第2章　行程时间可靠性及评价指标

本章首先阐述可靠性相关理论,然后分别从统计型、概率型、缓冲时间、延迟等方面对行程时间可靠性及评价指标进行剖析,并对影响行程时间可靠性的因素按照交通供给和交通需求两个方面进行梳理与阐述。

## 第3章　不同等级道路行程时间可靠性特征分析

本章基于北京市三环内两个月的浮动车数据进行研究,考虑路段关联性的量化分析方法和影响因素,选用四种评价指标量化行程时间可靠性,研究分析不同道路等级行程时间的变化规律及各特定道路等级路段的行程时间特征。

## 第4章　基于网格化浮动车数据的快速路行程时间短时预测

本章首先对北京市快速路浮动车实测数据按照网格化方式处理,获取时空平均速度矩阵;然后对城市快速路交通状态的时空特征进行分析,提出一种基于模式匹配算法的行程时间短时预测模型,在保证预测模型精度和鲁棒性的前提下,对预测结果进行多角度、多场景的评价分析,对模型内在机理进行深入剖析与拓展研究,验证模型有效性。

## 第5章　基于可变权重混合分布的干道行程时间估计

本章结合交叉路口信号配时、交通流量等参数构建可变权重混合分布模型,深入分析长、短径的行程时间分布规律。可变权重混合分布不仅具有更好的拟合性能,其模型参数也能够系统解析信号配时参数对干道间断交通流的影响机理,为干道行程时间分布特征的研究提供有效的分析工具。

## 第6章　考虑路段相关性的干道行程时间建模与可靠性评价

本章基于Copula理论建立考虑路段相关性特征的路径行程时间分布模型,评价一定期望水平下的路径行程时间可靠性。基于上海市一条干道AVI卡口行程时间数据,首先根据路段相关性特征确定适用的Copula函数,分别通过参数和非参数回归分析拟合路段行程时间分布,通过拟合优度检验确定最优Copula函数,估计反映路径随机特征的行程时间联合密度分布。

## 第7章　基于区域划分的路网行程时间可靠性建模与分析

本章充分考虑路网交通运行状态的空间异质性,构建算法将路网划分为多个内部状态相近的区域,基于单位距离行程时间对路网行程时间分布建模,并使用计划单位距离行程时间、波动单位距离行程时间、变异系数等指标,对均质区域行程时间可靠性进行量化评价。

## 第8章　考虑多路段关联的随机网络可靠路径搜索

本章基于矩匹配法的混合遗传算法求解可靠最短路径,可支持大规模网络中的路径搜索应用,大幅减少计算量并加速搜索过程的收敛速度。基于仿真路网和北京实际道路网络进行案例研究,并将提出的算法与其他路径搜索算法进行对比,测试算法解决大规模网络可靠路径搜索问题的能力。

## 参 考 文 献

[1] Lin W,Kulkarni A,Mirchandani P. Short-term arterial travel time prediction for advanced traveler information systems[C]. Journal of Intelligent Transportation Systems,2004,8(3):143-154.

[2] Usue M,Alexander M,Maite A,et al. A review of travel time estimation and forecasting for advanced traveler information systems[J]. Transportmetrica A:Transport Science,2015,11(2):119-157.

[3] Asakura Y,Kashiwadani M. Road network reliability caused by daily fluctuation of traffic flow[C]//The 19th PTRC Summer Annual Meeting,United Kingdom,1991.

[4] Chen K,Yu L,Guo J,et al. Characteristics analysis of road network reliability in Beijingbased-on data Logs from Taxis[C]//Proceedings of the 86th Transportation Research Annual Meeting,Washington,2007.

[5] Abdel-Aty M,Kitamura R,Jovanis P. Investigating effect of travel time variability on route choice using repeated-measurement stated preference date[J],1995.

[6] 张岚岚. 高速公路行程时间可靠度计量方法研究[D]. 吉林:吉林大学,2015.

[7] 姜桂艳. 道路交通状态判别技术与应用[M]. 北京:人民交通出版社,2004.

[8] 薛明,吕卫锋,诸彤宇. 浮动车信息处理系统关键技术的研究[J]. 微计算机信息,2006,22(11):244-246.

[9] 秦玲,张剑飞,郭鹏,等. 浮动车交通信息采集与处理关键技术及其应用研究[J]. 交通运输系统工程与信息,2007,7(1):39-42.

[10] 范跃祖,王力,王川久,等. 浮动车技术的发展及应用研究综述[C]. 第一届智能交通年会论文集,2005:1046-1054.

[11] Ferreira N,Poco J,Vo H,et al. Visual exploration of big spatio-temporal urban data:a study of New York City cab trips[J]. IEEE Transactions on Visualization and Computer Graphics,2003,19:2149-2158.

[12] Wieczorek J,Fernandez M,Bertini R. Techniques for validating an automatic bottleneck detection tool using archived freeway sensor data[J]. Transportation Research Record,2009,2160(1):87-95.

[13] Yildirimoglu M,Geroliminis N. Experienced travel time prediction for congested freeways[J]. Transportation Research Part B:Methodological,2013,53:45-63.

[14] Kerner B,Rehborn H,Schafer R. Traffic dynamics in empirical probe vehicle data studied with three-phase theory:spatiotemporal reconstruction of traffic phases and generation of jam warning messages[J]. Physica A:Statistical Mechanics and Its Applications,2013,392:221-51.

[15] Herrera J,Work D,Herring R,et al. Evaluation of traffic data obtained via GPS-enabled

mobile phones:the mobile century field experiment[J]. Transportation Research Part C: Emerging Technologies,2013,18:568-583.

[16] Quddus M,Washington S. Shortest path and vehicle trajectory aided map-matching for low frequency GPS data[J]. Transportation Research Part C:Emerging Technologies,2015,55: 328-339.

[17] Hunter T,Abbeel P,Bayen A. The path inference filter:model-based low-latency map matching of probe vehicle data. IEEE Transactions on Intelligent Transportation Systems,2013,15(2):507-529.

[18] 全永燊. 城市交通控制[M]. 北京:人民交通出版社,1989.

[19] Iida Y. Basicconcepts and future directions of road network reliability analysis[J]. Journal of Advanced Transportation,1999,33(2):125-134.

[20] Dion F,Rakha H,Kang Y. Comparison ofdelay estimates at under saturated and over-saturated pre-timed signalized intersections[J]. Transportation Research Part B:Methodological,2004, 38(2):99-122.

[21] Teply S,Evans G. Evaluation of thequality of signal progression by delay distribution[J]. Transportation Research Record,1989,1225(1):1-7.

[22] Pecheux K,Pietrucha M. Evaluation of average delay as a measure of effectiveness for signalized intersection[C]. Proceedings of the 80th Transportation Research Board Annual Meeting,Washington,2001.

[23] Colar J,Rouphail N. Measured distribution of control delay on a signal arterial[J]. Transportation Research Record,2003,1852(1):1-9.

[24] Fu L,Hellinga B. Delayvariability at signalized intersections. Transportation Research Record [J],2000,1790(1):215-221.

[25] Park B,Kamarajugadda A. Estimation confidence interval for highway capacity manual delay equation at signalized intersection [C]. Proceedings of the 81st Transportation Research Board Annual Meeting,Washington, 2002.

[26] Gu X,Lan C. Estimation ofdelay and its variability at signalized intersections[C]. Proceedings of the 88th Transportation Research Board Annual Meeting,Washington,2009.

[27] Ji X,Prevedouros P. Comparison of methods for sensitivity and uncertainty analysis of signalized intersection analyzed with HCM 2000 [J]. Transportation Research Record, 2006, 1920 (1): 56-64.

[28] 陈欢欢,王福建,项贻强,等. 基于蒙特卡罗数值模拟的信号交叉路口可靠性研究[J]. 交通标准化,2009,161:60-64.

[29] Viti F. Thedynamics and the uncertainty of delays at signals[D]. Nederland:Delft University of Technology,2006.

[30] Zheng F. Modelingurban travel time[D]. Nederland:Delft University of Technology,2011.

[31] 郭旭明. 基于旅行时间可靠性的信号控制方法研究[D]. 北京:清华大学,2012.

[32] Le M,Bhaskar A,Chung E. Publictransport travel-time variability definitions and monitoring

[ J]. Journal of Transportation Engineering,2015,141(1):04014068.

[33] Lei F,Wang Y,Lu G,et al. A travel time reliability model of urban expressways with varying levels of service[J]. Transportation Research Part C:Emerging Technologies,2014,48(48):453-467.

[34] Taylor M. Travel time variability-the case of two public modes. Transportation Science[J],1982,16(4):507-521.

[35] Mazloumi E,Currie G,Rose G. Using GPS data to gain insight into public transport travel time variability[J]. Journal of Transportation Engineering,2009,136(7):623-631.

[36] Emam E,Ai-Deek H. Using real-life dual-loop detector data to develop new methodology for estimating freeway travel time reliability[J]. Transportation Research Record,2006,1959(1):140-150.

[37] Chen P,Yin K,Sun J. Application offinite mixture of regression model with varying mixing probabilities to estimation of urban arterial travel times[J]. Transportation Research Record,2014,2442(1):96-105.

[38] Ji Y,Zhang H. Traveltime distributions on urban streets:estimation with hierarchical bayesian mixture model and application to traffic analysis with high-resolution bus probe data[C]. Transportation Research Board 92nd Annual Meeting,2013.

[39] Guo F,Li Q,Rakha H. Multistatetravel time reliability models with skewed component distributions[J]. Transportation Research Record,2012,2315(1):47-53.

[40] Zeng W,Miwa T,Wakita Y,et al. Application oflagrangian relaxation approach to α-reliable path finding in stochastic networks with correlated link travel times[J]. Transportation Research Part C:Emerging Technologies,2015,56:309-334.

[41] Cao P,Miwa T,Morikawa T. Modeling distribution of travel time in signalized road section using truncated distributions[J]. Procedia-Social and Behavioral Sciences,2014,138:137-147.

[42] Wang Y,Dong W,Zhang L,et al. Speed modeling and travel time estimation based on truncated normal and lognormal distributions[J]. Transportation Research Record,2012,2315(1):66-72.

[43] Chen K,Yu L,Guo J. Characteristics analysis of road network reliability in Beijing based on the data logs from taxis[C]. Transportation Research Board 86th Annual Meeting,2007.

[44] Nie Y,Wu X,Dillenburg J,et al. Reliable route guidance:a case study from Chicago[J]. Transportation Research Part A:Policy and Practice,2012,46(2):403-419.

[45] Kieu L,Bhaskar A,Chung E. Public transport travel-time variability definitions and monitoring[J]. Journal of Transportation Engineering,2015,141(1):4014068-4014040.

[46] 陈娇娜,张生瑞,靳引利.基于极值分布的常态下高速公路行程时间可靠性模型[J].北京工业大学学报,2016,42(9):1398-1405.

[47] 汤月华.基于GPS数据的公交站点区间行程时间分布与可靠性分析[D].杭州:浙江大学,2015.

[48] Arroyo S, Kornhauser A. Modeling travel time distributions on a road network[C]. Proceedings of the 84th Transportation Research Board Annual Meeting, Washington, 2005.

[49] Rakha H, El-Shawarby I, Arafeh M, et al. Estimating path travel time reliability[C]. Proceedings of the 9th International IEEE Conference on Intelligent Transportation Systems, Toronto, 2006.

[50] 陈琨,于雷. 基于对数正态和分布的路径行程时间可靠性模型[J]. 北京交通大学学报, 2009,33(3):35-39.

[51] Teply S, Evans G. Evaluation of the quality of signal progression[J]. Transportation Research Record,1989,1225(1):1-7.

[52] Guo F, Rakha H, Park S. A multi-state travel time reliability model[C]. Proceedings of the 89th Transportation Research Board Annual Meeting, Washington, 2010.

[53] Kazagli E, Koutsopoulos H. Estimation of arterial travel time from automatic number plate recognition data[J]. Transportation Research Record,2012,2391(1):22-31.

[54] 张勇,王世明,杨晓光. 信号控制道路行程时间可靠度计算与实证[J]. 同济大学学报(自然科学版),2009,6(37):772-776.

[55] Guo F, Li Q, Rakha H. Multistate travel time reliability models with skewed component distributions[J]. Transportation Research Record,2012,2315(1):47-53.

[56] Park S, Rakha H, Guo F. Multistate travel time reliability model: Impacts of incidents on travel time reliability[C]. 14th International IEEE Annual Conference on Intelligent Transportation Systems, Washington, 2011.

[57] Lee S, Moon B, Asakura Y. Reliability analysis and calculation on large scale transport networks[J]. Reliability of Transport Networks, Research Studies Press Ltd, 2000.

[58] 张雄飞,李瑞敏,李宏发,等. 基于Monte Carlo的行程时间可靠性研究[J]. 武汉理工大学学报(交通科学与工程版),2012,36(4):667-670.

[59] Hellinga B, Fu L. Reducing bias in probe-based arterial link travel time estimates[J]. Transportation Research Part C: Emerging Technologies,2002,10(4):257-273.

[60] Ramezani M, Geroliminis N. On the estimation of arterial route travel time distribution with markov chains[J]. Transportation Research Part B: Methodological, 2012, 46(10): 1576-1590.

[61] Feng Y. Probe vehicle based real-time traffic monitoring on urban roadways[J]. Transportation Research Part C: Emerging Technologies,2014,40:160-178.

[62] Li R, Rose G, Sarvi M. Using automatic vehicle identification data to gain insight into travel time variability and its causes[J]. Transportation Research Record,2006,945(1):24-32.

[63] Zheng F, Zuylen H. Modeling variability of urban travel times by analyzing delay distribution for multiple signalized intersections[J]. Transportation Research Record,2011,2259(1):80-95.

[64] 郭志勇,王炜. 基于行程时间可靠度的区域交通控制系统评价方法[J]. 东南大学学报(自然科学版),2010,40(4):848-851.

[65] 崔毓伟,袁鹏程,倪安宁,等.基于 Copula 函数的交通网络行程时间可靠度计算方法[J].计算机应用研究,2014,31(5):1385-1389.

[66] Moylan E. Performance of reliability metrics on empirical travel time distributions[C]. Transportation Research Board 93rd Annual Meeting,2014.

[67] Rakha H,El-Shawarby I,Arafeh M,et al. Estimating path travel-time reliability[C]. IEEE Intelligent Transportation Systems Conference,2006.

[68] Yazici M,Kamga C,Ozbay K. Highway versusurban roads:analysis of travel time and variability patterns based on facility type[C]. Transportation Research Board 93nd Annual Meeting,2014.

[69] Le M,Bhaskar A,Chung E. Public transport travel-time variability definitions and monitoring[J]. Journal of Transportation Engineering,2015,141(1):04014068.

[70] Van L,Van Z. Monitoring and predicting freeway travel time reliability:using width and skew of day-to-day travel time distribution[J]. Transportation Research Record,2005,1917(1): 54-63.

[71] Chase R,Williams B,Rouphail N. Detailed analysis of travel time reliability performance measures from empirical data[C]. Transportation Research Board 92nd Annual Meeting,2013.

[72] Alvarez P,Hadi M. Time-variant travel time distributions and reliability metrics and their utility in reliability assessments[C]. Transportation Research Record,2012,2315(1): 81-89.

[73] 王殿海,祁宏生,徐程.交通可靠性研究综述[J].交通运输系统工程与信息,2010,10(5):12-21.

[74] 韦学武.高速公路交通流随机性和行程时间可靠性研究[D].吉林:吉林大学,2016.

[75] Tu H,van L,van Z. Travel time reliability model on freeways[C]. Transportation Research Board 87th Annual Meeting,Washington,2008.

[76] Khosravi A,Mazloumi E,Nahavandi S,et al. Prediction intervals to account for uncertainties in travel time prediction[J]. IEEE Transactions on Intelligent Transportation Systems,2011, 12(2):537-547.

[77] Chen M,Yu G,Chen P,et al. A copula-based approach for estimating the travel time reliability of urban arterial[J]. Transportation Research Part C:Emerging Technologies, 2017,82:1-23.

[78] Chen P,Sun J,Qi H. Estimation of delay variability at signalized intersections for urban arterial performance evaluation[J]. Journal of Intelligent Transportation Systems,2017,21 (2):94-110.

[79] Liu H. Travel time prediction for urban networks[C]. The Netherlands TRAIL Research School,2008.

[80] Oh S,Byon Y,Jang K,et al. Short-term travel-time prediction on highway:a review of the data-driven approach[J],2015,35(1):4-32.

[81] Chen P,Ding C,Lu G,et al. Short-term traffic states forecasting considering spatial-temporal

impact on an urban expressway[J]. Transport Research Record,2016,2594(1):61-72.

[82] John R,Erik v. A simple and effective method for prediction travel times on Freeways[D]. The Department of Statistics of the University of California at Berkeley,2002.

[83] Fei X,Lu C,Liu K. Abayesian dynamic linear model approach for real-time short-term freeway travel time prediction[J]. Transportation Research Part C:Emerging Technologies,2011,19(6):1306-1318.

[84] Wang Y,Papageorgiou M,Messmer A. Real-time freeway traffic state estimation based on extended Kalman filter: adaptive capabilities and real data testing[J]. Transportion Research Part A:Policy and Practice,2011,42(10):1340-1358.

[85] Liu H. Travel time prediction for urban networks[D]. The Netherlands TRAIL Research School,2008.

[86] Lv Y,Duan Y,Kang W,et al. Traffic flow prediction with big data:a deep learning approach [J]. IEEE Transactions on Intelligent Transportation Systems,2015,16(2):1-9.

[87] Huang W,Song G,Hong H,et al. Deep architecture for traffic flow prediction:deep belief networks with multitask learning[J]. IEEE Transactions on Intelligent Transportation Systems,2014,15(5):2191-2201.

[88] Zeng X,Zhang Y. Development of recurrent neural network considering temporal-spatial input dynamics for freeway travel time modeling[J]. Computer-Aided Civil Infrastruct,2013,28(5):359-371.

[89] Habtemichael F,Cetin M. Short-term traffic flow rate forecasting based on identifying similar traffic patterns[J]. Transportation Research Part C:Emerging Technologies, 2015, 66:61-78.

[90] Bajwa S,Kuwahara M. Atravel time prediction method based on pattern matching technique [J]. Publication of ARRB Transport Research Limited,2003.

[91] Yildirimoglu M,Geroliminis N. Experienced travel time prediction in congested freeway routes[C]. Transportation Research Board 92nd Annual Meeting,2013.

[92] Li C,Chen M. A data mining-based approach for travel time prediction in freeway with non-recurrent congestion[J]. Neurocomputing,2014,133(8):74-83.

[93] Ji Y,Geroliminis N. On the spatial partitioning of urban transportation networks[J]. Transportation Research Part B:Methodological,2012,46(10):1639-1656.

[94] Walinchus R. Real-time network decomposition and subnetwork interfacing[J]. Highway Research Record,1971.

[95] 尚德申,石建军.交通控制区域动态划分研究[J].道路交通与安全,2007,7(1):27-29.

[96] 徐丽群.路网分区的树生长算法[J].计算机应用研究,2009,26(10):3663-3665.

[97] Liu X,Zheng S. Study of division approach of traffic control Sub-area based on grey relation degree[J]. International Conference on Electric Technology and Civil Engineering(ICETCE),2011:5486-5489.

[98] Zhou Z,Lin S,Xi Y. A fast network partition method for large-scale urban traffic networks

[J]. Journal of Control Theory and Applications,2013,11(3):359-366.

[99] Etemadnia H,Abdelghany K,Hassan A. A network partitioning methodology for distributed traffic management applications[J]. Transportmetrica A:Transport Science,2014,10(6):518-532.

[100] 马莹莹,杨晓光,曾滢.基于谱方法的城市交通信号控制网络小区划分方法[J].系统工程理论与实践,2010,30(12):2290-2296.

[101] 林丹.基于有权网络子区划分的区域交通协调控制研究[D].南京:南京邮电大学,2017.

[102] 郑黎黎,杨帆,孙宝凤,等.基于GN算法的城市路网区域划分方法研究[J].重庆交通大学学报(自然科学版),2020,39(4):6-10.

[103] Daganzo C,Geroliminis N. An analytical aprximnation for the macroscopic fundamental diagram of urban traffic[J]. Transportation Research Part B:Methodological,2008,42(9):771-781.

[104] Johnson S. Hierarchical clustering schemes[J]. Psychometrika,1967,32(3):241-254.

[105] 陶黎明.面向宏观基本图的非均质路网划分方法研究[D].长沙:长沙理工大学,2018.

[106] 王晓轩.基于聚类的城市交通路网分区和交通状态判别[D].北京:北京交通大学,2017.

[107] 傅惠,王叶飞,陈赛飞.面向宏观基本图的多模式交通路网分区算法[J].工业工程,2020,23(1):1-9.

[108] Fan J.Zeng G,Body M,et al. Seeded region growing:an extensive and comparative study [J]. Pattern Recognition Letters,2005,26(8):1139-1156.

[109] Tzeng G,Huang J. Multiple attributes decision making-methods and applications[J]. Lecture Notes in Economics and Mathematical Systems,2011,404(4):287-288.

[110] Saeedmanesh M,Geroliminis N. Clustering of heterogeneous networks with directional flows based on "Snake" similarities[J]. Transportation Research Part B:Methodological,2016,91(9):250-269.

[111] Gu Z,Saberi M. A bi-partitioning approach to congestion pattern recognition in a congested monocentric city[J]. Transportation Research Part C:Emerging Technologies,2019,109(12):305-320.

[112] Dimitriou L,Nikolaou P. Dynamic partitioning of urban road networks based on their topological and operational characteristics[C] IEEE International Conference on Models and Technologies for Intelligent Transportation Systems,2017:457-462.

[113] An K,Chiu Y,Hu X,et al. A network partitioning algorithmic approach for macroscopic fundamental diagram-based hierarchical traffic network management[J] IEEE Transactions on Intelligent Transportation System,2017,19(4):1130-1139.

[114] Dijkstra E. A note on two problems inconnexion with graphs[J]. Numerische Mathematics,1959,1(1):269-271.

[115] Floyd R. Algorithm 97: shortest path[J]. ACM,1962,5(6):345.

[116] Hall R. The Fastestpath through a network with random time-dependent travel times[J]. Transportation Science,1986,20(3):182-188.

[117] Hart P, Nilsson N, Raphael B. Aformal basis for the heuristic determination of minimum cost paths[J]. IEEE Transactions on Systems Science and Cybernetics,2007,4(2):100-107.

[118] Goldberg A, Harrelson C. Computing the shortest path: A search meets graph theory[J]. SODA,2005,5:156-165.

[119] 谭国真. 时变、随机网络最优路径算法及其应用研究[D]. 大连:大连理工大学,2002.

[120] 谭国真,高文. 时间依赖的网络中最小时间路径算法[J]. 计算机学报,2002,25(2):165-172.

[121] Nie Y, Wu X, Dillenburg J, et al. Reliable route guidance: a case study from Chicago[J]. Transportation Research Part A: Policy and Practice,2012,46(2):403-419.

[122] Frank H. Shortestpaths in probabilistic graphs[J]. Operations Research,1969,17(4):583-599.

[123] Nie Y, Wu X. Shortest path problem considering on-time arrival probability[J]. Transportation Research Part B: Methodological,2009,43(6):597-613.

[124] Nie Y, Fan Y. Arriving-on-time problem: discrete algorithm that ensures convergence[J]. Transportation Research Record,2006,1964(1):193-200.

[125] Chen A, Ji Z. Path finding under uncertainty[J]. Journal of Advanced Transportation,2005,39(1):19-37.

[126] Chen B, Lam W, Sumalee A, et al. Finding reliable shortest paths in road networks under uncertainty[J]. Networks and Spatial Economics,2013,13(2):123-148.

[127] Wu X, Nie Y. Modeling heterogeneous risk-taking behavior in route choice: a stochastic dominance approach[J]. Transportation Research Part A: Policy and Practice,2011,45(9):896-915.

[128] Nie Y, Wu X, Dillenburg J, et al. Reliable route guidance: a case study from Chicago[J]. Transportation Research Part A: Policy and Practice,2012,46(2):403-419.

[129] Chen B, Lam W, Sumalee A, et al. Reliable shortest path problems in stochastic time-dependent networks[J]. Journal of Intelligent Transportation Systems,2014,18(2):177-189.

[130] Ji Z, Yong S, Chen A. Multi-objective α-reliable path finding in stochastic networks with correlated link costs: a simulation-based multi-objective genetic algorithm approach (SMOGA)[J]. Expert Systems with Applications,2011,38(3):1515-1528.

[131] Srinivasan K, Prakash A, Seshadri R. Finding most reliable paths on networks with correlated and shifted log-normal travel times[J]. Transportation Research Part B: Methodological,2014,66(8):110-128.

[132] Zeng W, Miwa T, Wakita Y, et al. Application of lagrangian relaxation approach to α-reliable path finding in stochastic networks with correlated link travel times[J]. Transportation

Research Part C:Emerging Technologies,2015,56:309-334.

[133] Zhang Y,Shen Z,Song S. Lagrangian relaxation for the reliable shortest path problem with correlated link travel times[J]. Transportation Research Part B:Methodological,2017,104:501-521.

[134] Cooke K,Halsey E. The shortest route through a network with time-dependent internodal transit times[J]. Journal of Mathematical Analysis and Applications,1997,14(3):493-498.

[135] Rajabi-Bahaabadi M,Shariat-Mohaymany A,Babaei M,et al. Multi-objective path finding in stochastic time-dependent road networks using non-dominated sorting genetic algorithm[J]. Expert Systems with Applications,2015,42(12):5056-5064.

[136] Yang L,Zhou X. Optimizing on-time arrival probability and percentile travel time for elementary path finding in time-dependent transportation networks:Linear mixed integer programming reformulations[J]. Transportation Research Part B:Methodological,2017,96:68-91.

# 第2章 行程时间可靠性及评价指标

行程时间可靠性研究发展至今，取得了一系列的研究成果，现实中由于实际路网的复杂性和算法的局限性，各行程时间可靠性评价方法具有不同的适用场景。本章通过介绍可靠性相关定义，引入行程时间可靠性评价指标，主要分为统计型、概率型、缓冲时间等类型，进而分析影响行程时间可靠性的相关因素。

## 2.1 路网可靠性理论

道路交通系统作为一个庞大的综合性动态系统，具有随机性、动态性和复杂性。一方面，由于出行者在时间、空间上随机占用交通设施，使得不同时段、不同区域、不同路段上的交通需求不断发生变化。另一方面，道路的实际通行能力受到各种随机事件（如交通事故、异常天气、自然灾害等）的影响，使得路网实际容量也不是确定值。交通需求和交通供给的动态变化特性，使得出行者在同一交通起止点（OD 对）之间、同一路径甚至同一路段上的行程时间具有一定的随机波动性，进而使得路网整体性能也呈现出一定的随机性。

路网可靠性是指在规定的条件下和规定的时间内，道路网络所提供的服务能够满足出行者出行需求的能力，它是衡量路网交通运行质量的重要指标之一。现代城市道路网络庞大、复杂，而人们对出行质量的要求越来越高，使得路网可靠性愈加重要。路网可靠性研究既可服务出行者也可为交通管理者和规划者提供帮助，使其在进行交通管理与规划时融入可靠性维度的决策依据。路网可靠性的概率测度为可靠度，即度量道路网络的可靠程度。由于交通系统是由一系列路段和节点组成的交通网络，并且具有各种交通参数，因此根据不同的测度可将交通系统可靠性分为连通可靠性、行程时间可靠性、路网容量可靠性、畅通可靠性等。本书主要聚焦行程时间可靠性，不局限于评价路网本身的物理结构，更加注重路网性能的综合表现，即考虑交通需求及路网容量的相互作用，更加全面地评价路网性能，因此具有更加广泛的应用价值。

## 2.2 行程时间可靠性定义

行程时间可靠性是评价出行时间稳定性的一种指标，行程时间可靠度为行程时间可靠性的概率测度，其定义为[1]：在一定的条件下，车辆能在期望的时间内从起点到达终点的概率。行程时间描述的是车辆从起点到达终点所需的总时间，期望时间或阈值根据 OD 对的行程时间设定。行程时间可靠性是一个微观指标，是在考虑交通流随机性的基础上，从用户的角度分析路径的出行时间是否在期望时间内。该指标多用于评价路段、路径和 OD 对的可靠性，以路径为例：

$$R_{(s,t)} = P\{T_r \leqslant T\} = P\{T_r \leqslant \alpha T_0\} \tag{2-1}$$

其中，$R_{(s,t)}$ 为路径的可靠度；$\alpha$ 为阈值，且 $\alpha > 1$；$T_r$ 为从 $s$ 到 $t$ 的实际行驶时间；$T_0$ 为自由流时路径 $1_{st}$ 的行驶时间。

行程时间可靠性对于指导出行者进行路径选择具有重要的参考意义，由于出行者除了关心行程时间的长短，同时关心行程时间的波动性。此外，行程时间可靠性也是服务于政府及交通管理部门的重要指标，为各级交管机构对城市路网的统筹、建设及维护等提供一定的决策参考。

## 2.3 行程时间可靠性评价指标

从出行者的角度而言，迫切希望精准获悉路网内各条路径的出行时间及波动信息，以确保能够按时到达目的地，同时最大限度缩短出行时间。基于此，结合路径行程时间可靠性的定义，对评价指标体系进行界定。有效的行程时间可靠性指标既可以为出行选择提供全面、准确的辅助信息，又可帮助对交通网络的可靠性进行管理和控制。众多文献中定义了一系列行程时间可靠性评价指标[2-13]，如行程时间均值、标准差、变异系数、缓冲时间、行程时间百分位数、遭遇指数等，常用的评价指标介绍如下。

### 2.3.1 统计型指标

统计型指标即对行程时间数据进行统计分析，得到相应的度量值。统计型指标衡量行程时间的可变性，与行程时间的分布存在较大相关性，可直观描述行程时间的变化和规律。

平均行程时间通常能够用于描述和反馈路径的基本工作状态。当行程时间分布为正态分布时，常用的行程时间时间窗[14]指标为平均行程时间加减标准差的形式，其表达式为：

$$TTW = \bar{t} \pm \sigma \tag{2-2}$$

$$\bar{t} = \frac{1}{n}\sum_{i=1}^{n} t_i \tag{2-3}$$

其中，$TTW$ 为行程时间窗；$\bar{t}$ 为平均行程时间；$\sigma$ 为标准差，行程时间窗范围越大表示可靠性越高。

此外，方差和标准差也被用于衡量行程时间可靠性，这两个指标均可以揭示行程时间数据具有何种程度的离散性，其表达式分别为：

$$S(t) = \frac{1}{n}\sum_{i=1}^{n}(t_i - \bar{t})^2 \tag{2-4}$$

$$\sigma = \sqrt{S(t)} \tag{2-5}$$

若平均行程时间不同，在比较两组样本的离散程度时不能仅依据方差或标准差，需利用变异系数进行评价。变异系数以样本为单位对离散程度进行度量，从而去除量纲影响。变异系数可以更为客观和准确地描述行程时间的波动，其表达式为：

$$CV(t) = \frac{\sigma}{\bar{t}} \tag{2-6}$$

变异系数越大，说明行程时间的波动性越大，则道路可靠性不高，反之代表道路可靠性较高。

## 2.3.2 概率型指标

概率型指标通过计算实际出行时间小于某一指定阈值的概率表示行程时间可靠性,是较为常用的一种方法[15],其计算公式为:

$$R(\alpha) = P(t_i \leq \alpha \bar{t}) \tag{2-7}$$

其中,$\bar{t}$ 为平均行程时间;$\alpha$ 为平均行程时间的倍数。一些国家对此有着明确的规定,如荷兰国家运输部要求[16]:路径长度小于 50km 时,$P(t_i \leq 10\min + t_{50}) > 95\%$;路径长度大于 50km 时,$P(t_i \leq 1.2t_{50}) > 95\%$,其中 $t_{50}$ 为中位行程时间。

## 2.3.3 缓冲时间指标

缓冲时间指标[17]可以更加直观地反映出行者的真实感受。为了应对路网运行状态的不确定性,出行者会在期望的出行时间内预留一段时间,称为缓冲时间。缓冲时间的确定取决于出行者的决策和对风险的态度,如性格类型、何时出发、可接受的到达时间范围等。

缓冲时间以平均行程时间为基准,一般采用 90% 分位的行程时间减去平均时间,可靠性较高的道路交通运行状况将减少出行者因缓冲时间过长造成不必要的浪费,其表达式为:

$$B(t) = \gamma(t_{90} - \bar{t}) \tag{2-8}$$

其中,$B(t)$ 为缓冲时间;$t_{90}$ 为 90% 分位的行程时间;$\gamma$ 表示出行者对于风险的不同态度。$\gamma$ 值越大,表示预备缓冲时间较长,一般多见于风险规避型的出行者;$\gamma$ 值越小,表示预备缓冲时间较短,一般多见于风险倾向型的出行者。

缓冲时间指数在缓冲时间基础上,剔除出行距离造成的影响,其表达式为:

$$BI(t) = \frac{t_{90} - \bar{t}}{\bar{t}} \tag{2-9}$$

缓冲时间指数越低,在同等城市规模条件下,其当前的交通状态和交通规划方案可持续发展情况越好。

计划时间指数(Planning Time Index,PTI)与缓冲时间指数类似,其定义为 95% 分位数行程时间与自由流行程时间的比值。出行者为了能够在 95% 分位数行程时间内准时到达目的地,相对于自由流状态行程时间必须预留额外通行时间。通常情况下认为 15% 分位数行程时间为自由流状态下的行程时间,计划时间指数表达式如下:

$$\text{PTI} = \frac{t_{95}}{t_{15}} \tag{2-10}$$

## 2.3.4 延迟指标

延迟指标主要是从行程延误严重性的角度分析行程延误的严重性。佛罗里达州交通部定义了遭遇指数[18](Misery Index,MI),采用过去 20% 的平均行程时间(按升序)与总平均行程时间之间的差表示路网的不可靠性,计算公式如下:

$$\text{MI} = \frac{M(t_i > t_{80}) - \bar{t}}{\bar{t}} \tag{2-11}$$

其中,$M(t_i > t_{80})$ 是指最大 20% 行程时间的均值,主要依据经验而确定,也可根据研究目标的不同进行设置。遭遇指数值越大,表明出行的不确定性越高,道路行程时间可靠性越低。

通过以上行程时间可靠性评价指标的分析可见,各类指标侧重存在差异,基于不同视角揭示交通运行状况。因此,各类行程时间可靠性的量化对于出行者和管理者均具有重要意义。对于出行者而言,及时掌握道路通行状况进行出行路径的选择能够提高出行质量;对于管理者而言,行程时间可靠性评价指标能够为整体评估道路交通状况提供帮助,同时为交通决策制定提供科学依据。

## 2.4 行程时间可靠性影响因素分析

路网行程时间存在诸多不确定性,如道路条件、天气条件、信号周期、路径选择等,上述因素均会影响道路网络中交通流的运行状态,进而增加行程时间的不可靠性。因此,交通环境的动态性和随机性极大影响了行程时间的可靠性和可预测性。

一般而言,路网行程时间可靠性的影响因素均来自交通供给和交通需求这两个方面[2]。因此,以下分别从交通供给和交通需求分析路网行程时间可靠性的影响因素。

### 2.4.1 交通供给

影响交通供给的因素主要包含:内部因素(道路自身的因素)和外部因素(外界的干扰因素)。

内部因素包括道路物理设计参数、路网分布、交叉路口信号周期等,从道路通行能力层面对路网行程时间可靠性产生影响。道路物理设计参数涵盖车道宽度、车道数、车道坡度等固定因素,其对行程时间可靠性的影响程度基本确定。道路所提供的车辆行驶条件越好,其通行能力越大,路网中发生交通拥堵的可能性越低,则路网行程时间的可靠性相对较高。路网布局是对交叉路口数量和路网规模的整体描述,路网能够承载的交通需求随着路网规模增大而增大。当其他交通需求相同时,路网的规模越大,则越不容易发生交通阻塞,其可靠性越高。除道路物理设计参数外,不同的信号控制方案对于行程时间的可靠性也会产生影响,合理的信号周期、绿信比、相位差等均可有效分离冲突交通流,从而缩短行程时间,提高路网行程时间可靠性。

外部因素包括异常天气(大雪、暴雨、大雾)、自然灾害(地震、台风、洪水)、交通事故、交通拥堵、道路施工或维护等事件。部分外部因素会造成某些路段或车道关闭,停滞其疏通交通流的作用,从而影响某些路段的正常运行和服务水平,导致行程时间的可靠性降低。

### 2.4.2 交通需求

交通需求由出行者的选择行为产生,由于每个人的个体特征不同,所选择的出行方式、出行目的和出行时间等均会不同,造成了交通需求的不确定性,进而影响路网的可靠性。根据交通需求的作用时间,可分为长期需求和短时需求。

长期需求指在没有特殊因素干扰时,正常条件下各区域所产生的交通吸引量。对于路网结构相对稳定、经济发展也相对稳定的城市,若以一天为周期,同一地区的各个小时交需求的分布并不均衡,但较长一段时期内交通需求的变化趋势呈现相似的特征。

短时需求常由于异常事件引起,如某段道路发生交通事故或维修施工、交管部门对于部分道路的交通管制。该路段流量会转移至附近路网上,从而加大了相邻道路的交通负荷,路网行程时间的可靠性亦会由于交通量变化而发生改变。

综上,交通供给和交通需求的变化均会导致行程时间的波动性,从而影响路网中道路行程时间分布,进而影响其可靠性。

## 参 考 文 献

[1] Lint J. Empirical evaluation of new robust travel time estimation algorithms[J]. Transportation Research Record,2010,2160(1):50-59.
[2] 陈明明.基于统计分布的城市道路行程时间可靠性研究[D].西安:长安大学,2016.
[3] 孙珊珊.行程时间可靠性研究[D].北京:中国人民公安大学,2018.
[4] 孙兆祖.路径行程时间及其可靠性研究[D].成都:西南交通大学,2017.
[5] 龚鹏飞.突发事件对城市道路交通系统影响的评价指标研究[J].警察技术,2016,5:92-94.
[6] 韦学武.高速公路交通流随机性和行程时间可靠性研究[D].吉林:吉林大学,2016.
[7] 陈晋.路径出行时间可靠性评价方法研究[D].大连:大连理工大学,2015.
[8] 周建伟.高速公路路径行程时间可靠性研究[D].广州:华南理工大学,2015.
[9] 郭洪洋.信息约束条件下的路网行程时间可靠性研究[D].成都:西南交通大学,2014.
[10] 李晓莉.不同交通流运行状态下的行程时间可靠性分析[J].交通运输工程与信息学报,2013,11(01):79-85.
[11] 柏喜红,陈旭梅,王莹,等.高速公路行程时间可靠性研究综述[J].交通运输工程与信息学报,2014,12(02):70-76.
[12] 刘锴,陈晋,龚节坤.基于路段变异系数的路径行程时间可靠度评价[J].道路交通与安全,2015,15(01):1-7.
[13] 陈翼.基于车辆出行特征的交通网络评价方法研究[D].长沙:中南大学,2011.
[14] Lomax T,Schrank D,Turner S,et al. Selecting travel reliability measures[M]. Texas Transportation Institute,2003.
[15] Asakura Y. Reliability measures of an origin and destination pair in a deteriorated road Network with Variable Flows[C]. Proceedings of the 4th EURO Transportation Meeting,Newcastle,1996:256-289.
[16] Tu H. Monitoring travel time reliability on freeways,doctorate[D]. Delft university of Technology,2008.
[17] Kaparias I,Michael G,Heidrun B. A new measure of travel time reliability for in-vehicle navigation systems[J]. Journal of Intelligent Transportation Systems,2008,12(4):202-211.
[18] Asakura Y,Kashiwadani M,Kumamoto N. Reliability measures of regional road network dueing to daily variance of traffic flow[J]. Doboku Gakkai Ronbunshuu D,1989,7:235-242.

# 第3章 不同等级道路行程时间可靠性特征分析

在实际交通环境下,不同等级道路的行程时间往往具有不同的特征。本章聚焦不同等级道路,选取对应的路段行程时间数据,细化分析各特定道路等级路段行程时间特征,挖掘其可靠性演变规律。

## 3.1 研究数据说明

本章研究数据选用2015年6月1日(星期一)至7日(星期日)一周内北京城市路网中收集的浮动车数据,并且只考虑载客出租车的行驶数据,因其更接近普通社会车辆的出行行为。对于每条路段,浮动车数据的处理时间间隔为2min,即每2min提取一次路段行程时间。

在北京城市路网内,快速路二环至五环的长度分别为33km、48km、65km和98km。快速路周围有辅路,辅路和快速路通过各种类型的交汇处连接,并且具有成对的出入口,用于合流或分流交通。此外,干道和支路广泛分布在城市路网中。为了探索城市道路的行程时间最优拟合模型,并充分评价其行程时间可靠性,本章选取北京三环路内共200个路段,涵盖四种道路等级,即城市快速路、城市快速路辅路、干道和支路。其中,对于每个道路等级,选择均匀分布在路网中的50条路段,表征各道路等级路段的行程时间特性。

## 3.2 不同等级道路行程时间可靠性评价

为了研究分析不同等级道路行程时间的变化规律,选用四种行程时间可靠性评价指标量化行程时间可靠性,具体包括单位距离行程时间、变异系数、缓冲时间指数和准时率。

### 3.2.1 单位距离行程时间

将浮动车收集的车速数据转换为单位距离行驶时间。单位距离设定为100m,单位距离行程时间等于100m与路段平均速度的比值,单位为秒,旨在消除不同路段长度对行程时间分析的影响[1]。使用不同分位数的行程时间,即第15百分位数、平均值和第95百分位数,表示一天各个时段对应行程时间的变化趋势。第15百分位行程时间通常被视为自由流行程时间,第95百分位行程时间被视为出行者可准时到达目的地的时间预算。不同百分位的单位距离行程时间,可大致体现出交通状态的变化,并易于出行者和交通管理者直观理解。平均行程时间可记作$\overline{TT_{X,w}}$,计算如下:

$$\overline{TT_{X,w}} = \frac{\sum_{n=1}^{N} TT_{X,n,w}}{N \times m} \tag{3-1}$$

其中,$\overline{TT_{X,w}}$是道路等级为$X$的所有路段$N$天在时间窗$w$内的行程时间平均值;$TT_{X,n,w}$

## 第3章 不同等级道路行程时间可靠性特征分析

代表道路等级为 $X$ 的所有路段第 $n$ 天在时间窗 $w$ 内的行程时间；$m$ 是路段数量，本文中 $m = 50$。全天各等级道路路段的单位距离行程时间变化情况如图 3-1 所示。

工作日早晚高峰近似两个驼峰和高度倾斜的分布，且每种等级道路的曲线变化趋势具有明显区别。快速路高峰时段持续时间比其他等级道路长，表明快速路由于其设计功能，承载更高的交通需求。另外，所有等级道路路段在周末均未有像工作日明显的早晚高峰，单位距离行程时间相比于周末具有较大幅度的缩减。在工作日和周末的白天，相比于其他等级道路，支路的单位距离行程时间往往较长，可能是由于支路的交通容量有限，相比其他等级道路更容易达到饱和。

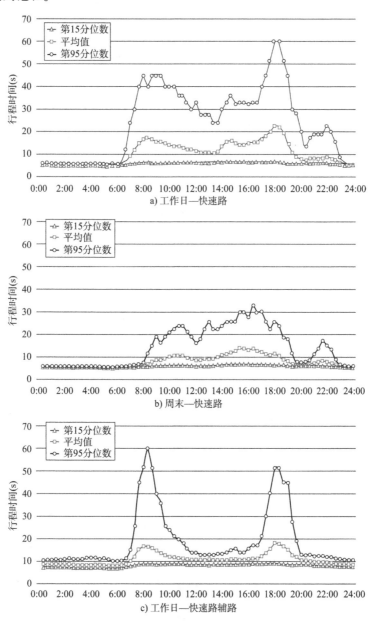

图 3-1

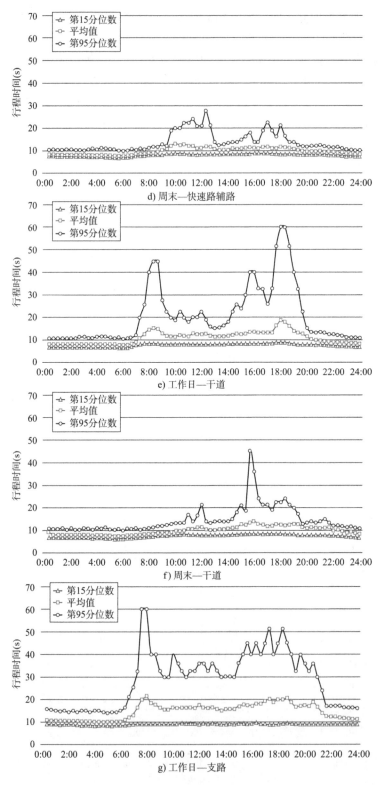

图 3-1

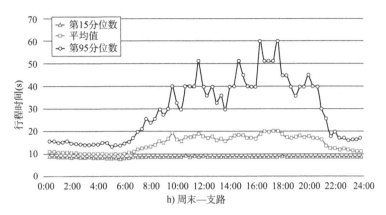

h) 周末—支路

图 3-1 各等级道路路段全天的单位距离行程时间变化趋势

工作日早高峰出现在 8:00—9:00,晚高峰出现在 18:00—19:00,与通勤时间段吻合。在周末,全天的高峰时段出现在 11:00—12:00 或 16:00—17:00,表明与工作日相比出行行为明显不同。在夜间 0:00—6:00 和 20:00—0:00,所有等级道路行程时间的第 15 百分位数、平均值和第 95 百分位均较短且彼此接近。特别是在工作日和周末,所有等级道路的第 15 个百分位的行程时间几乎不变。在白天 6:00—10:00,行程时间的平均值和第 95 百分位数显著增加。特别是在高峰时段,工作日和周末第 95 百分位的行程时间约为平均行程时间的 2 至 3 倍,工作日第 95 百分位的行程时间约为第 15 百分位行程时间的 6 至 9 倍,对于周末是 3 至 5 倍。

### 3.2.2 变异系数

变异系数(Coefficient of Variation,CV)基于研究时段内的平均行程时间,标准化行程时间的偏差,评价各等级道路路段行程时间可靠性。变异系数是一种衡量观测值变异程度的统计量,没有量纲,可用来对比分析不同单位的观测值的变异程度。道路等级为 $X$ 的所有路段 $N$ 天在时间窗 $w$ 内的行程时间变异系数可记为 $CV_{X,w}$,计算如下:

$$CV_{X,w} = \frac{\sqrt{\frac{1}{N \times m} \sum_{n=1}^{N} (TT_{X,n,w} - \overline{TT_{X,w}})^2}}{\overline{TT_{X,w}}} \tag{3-2}$$

各等级道路路段行程时间的变异系数如图 3-2 所示。总体而言,虽然工作日和周末的交通特征明显不同,但各等级道路路段行程时间的变异系数不存在显著差异。在工作日和周末,快速路行程时间在白天的变异系数相对较小,与干道和支路相比波动较小,表明快速路连续交通流具有相对可靠的行程时间和相对稳定的运行状态。在凌晨 1:00—3:00,快速路行程时间的变异系数显著波动,这是因为该时间段内浮动车数据较少,而且驾驶行为随机性较大。

在工作日,快速路和快速路辅路行程时间的变异系数最大值约为 1,支路行程时间的变异系数最大值约为 1.6,干道约为 1.8。在周末,快速路行程时间的变异系数最大值约为 1,快速路辅路及支路变异系数的最大值约为 1.4,干道约为 1.8。干道交通流的不连续性使其行程时间复杂多变。由于不稳定的交通状况和信号控制策略之间的相互作用,干道行程时间呈现多种分布,其变异系数较大。

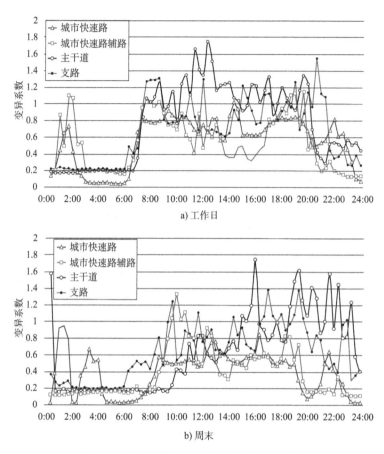

图 3-2 各等级道路路段全天的变异系数变化趋势

### 3.2.3 缓冲时间指标

缓冲时间指标(The Buffer Time Index,BTI)体现了出行者为了准时到达目的地必须在平均行程时间的基础上额外花费的时间[2]。缓冲时间指标越大，表明出行者需要预留更多的时间保证大概率准时到达目的地。缓冲时间指标对于行程时间可靠性要求不高、倾向于选择低可靠路径的出行者并不适用。道路等级为 X 的路段缓冲时间指标可记为 $BTI_X$，计算如下：

$$BTI_X = \frac{TT_{X,w,95th} - \overline{TT_{X,w}}}{\overline{TT_{X,w}}} \tag{3-3}$$

其中，$TT_{X,w,95th}$ 是道路等级为 X 的所有路段 N 天在时间窗 w 内的行程时间第 95 百分位数。

各等级道路路段行程时间的缓冲时间指标如图 3-3 所示，可见缓冲时间指标曲线在变化趋势上接近于图 3-1 中第 95 百分位行程时间。在工作日，快速路辅路和干道的缓冲时间指标曲线在早上和下午达到峰值，分别在 8:00—9:00 和 18:00—20:00 间出现。在四种等级道路路段中，快速路的缓冲时间指标在 6:00 之前最小，然后上升至最大，表明其白天的交通状态不稳定且不可靠。虽然支路的缓冲时间指标相对较低，但变化趋势与快速路相似。另外,工作日和周末四种等级道路路段的缓冲时间指标最大值均大于2,表明出行者需要预留约三倍于平均行程时间的时间,才能保证95%概率下准时到达目的地。快速路的缓冲时间指标最小值接近于0。对于快速路辅路和干道,缓冲时间指标的最小值约为0.25,而支路的最小值约为0.5,表明支路的行程时间通常不太可靠。

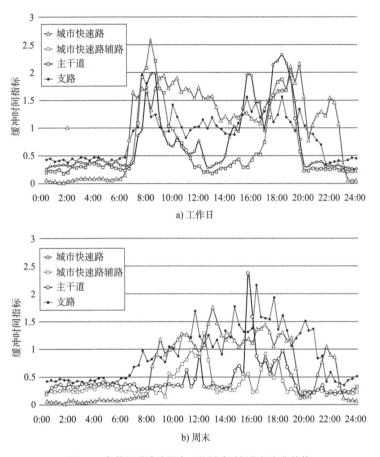

图3-3 各等级道路路段全天的缓冲时间指标变化趋势

Pu[3]指出,某些可靠性指标对于可靠性的分析描述可能存在不一致,例如缓冲时间指标可能在变异系数变化的时候而保持不变,以上结果也呈现出类似的结论。在工作日,快速路和快速路辅路的变异系数在凌晨0:00—3:00具有较大的波动,但同一等级道路路段的缓冲时间指标却在此期间保持稳定。类似的现象也可在周末的曲线中发现,例如0:00—4:00快速路及20:00—24:00干道。因此,需要综合应用、全面对比各评价指标的变化,度量道路行程时间的可靠性。

### 3.2.4 准时率

准时率(Punctuality Rate,PR)在本节中定义为某一等级道路路段 $N$ 天在时间窗 $w$ 内的行程时间小于等于1.1倍平均行程时间的概率。准时率可以反映不同等级道路路段的运行情况,准时率越高,道路运行情况越好。准时率在一定程度上弥补了缓冲时间指标的不足,关注较短行程时间所占的比例,所以更适合倾向于选取低可靠性路径的出行者。值得注意的是,在计算准时率时选取了平均行程时间而不是行程时间中位数。这是因为大多数情况下,路段行程时间的概率密度分布呈现右偏,行程时间的中位数往往小于平均行程时间。因此,基于中位数的准时率计算可能会低估路段通行能力。准时率计算如下:

$$PR_X = \sum_{n=1}^{N} P\{TT_{X,n,w} \leq 1.1 \times \overline{TT_{X,w}}\} \tag{3-4}$$

其中,$PR_X$ 是道路等级为 $X$ 的所有路段 $N$ 天在时间窗 $w$ 内的行程时间平均值。

各道路等级的行程时间准时率如图 3-4 所示。不管是工作日还是周末,从晚上到清晨,即 22:00—7:00,快速路的准时率均超过 0.9,并且在四种等级道路路段中保持最高。在同一时段,快速路辅路和干道的准时率在 0.7 和 0.9 之间波动,对应理想的运行状态。相比之下,支路的准时率较低,小于 0.75。而在白天,快速路的准时率在 7:00 之后开始迅速下降,并且降至四种等级道路路段中最低。另一方面,快速路辅路和干道的准时率开始略有上升,保持四种等级道路中的前两位。对于支路,准时率在白天保持相对稳定,甚至在工作日 7:00—19:00 和周末 9:00—19:00 高于快速路,表明随着交通需求的增加,大多数出行者更愿意优先选择快速路出行,增加了快速路发生交通拥堵的可能性,同时快速路辅路和干道的准时率增高。此外,快速路辅路和干道,在准时率、单位距离行程时间和缓冲时间指标上具有相似的变化趋势。

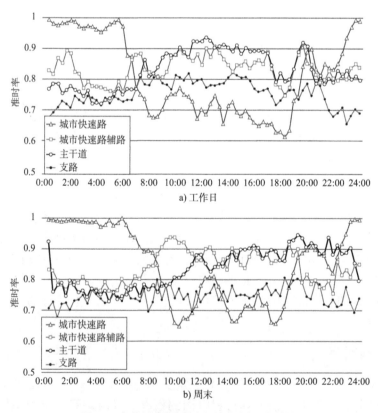

图 3-4 各等级道路路段全天的准时率变化趋势

## 3.3 不同等级道路行程时间可靠性建模

### 3.3.1 建模步骤分析

本节将对各等级道路路段分时段进行行程时间可靠性建模,分析不同等级道路行程时间的统计特性。选取四个典型的时段,即工作日高峰时段、工作日平峰时段、周末高峰时段和周末平峰时段。高峰时段表示白天交通需求较大的时段,平峰时段表示白天交通较为通畅平稳的时段。高峰和平峰时段的开始和结束时间根据各等级道路全天的平均行程时间确定。在每个时段内,假设各路段的行程时间分布不变。

为了辅助大规模路网计算(如路径搜索问题),同时避免计算量过大,选择四种常见的单一模式概率密度分布模型(包括正态分布、对数正态分布、伽马分布和威布尔分布),测试对于各路段行程时间分布的拟合优度。通过 Matlab 中的拟合函数(包括 normfit、lognfit、gamfit 和 wblfit)估计各时段各路段行程时间的四类标准分布的拟合参数。使用标准统计检验方法计算各分布的拟合优度,包括 K-S(Kolmogorov-Smirnov)检验、A-D(Anderson-Darling)检验和卡方($\chi^2$)检验。$\chi^2$ 检验对间隔数(间隔宽度)的选择较为敏感[4],本节将初始间隔设置为10。完整的建模分析步骤如下:

步骤1:将浮动车收集的车速数据转换为单位距离行驶时间。单位距离设定为100m,单位距离行程时间等于100m与路段平均速度的比值,单位为s,旨在消除不同路段长度对行程时间分析的影响。

步骤2:根据工作日和周末全天的单位距离行程时间,选择各等级道路在工作日和周末的高峰时段和平峰时段,设定时段长度为1h。

步骤3:根据不同时段各等级道路路段的单位距离行程时间确定不同分布类型的参数,使用 Matlab 中的拟合函数计算分布参数的最优估计值。

步骤4:借助 K-S 检验、A-D 检验和 $\chi^2$ 检验,测试四种概率分布对各等级道路在各时段行程时间的拟合优度。对于每个候选分布,均判断其是否可通过三种统计检验。

步骤5:计算每个候选分布、每个时段和每种道路等级的平均接受率,并从这三个角度分析分布拟合结果。

### 3.3.2 结果分析

使用3种统计检验方法测试各等级道路路段在各时段的行程时间数据是否符合4种类型的概率分布。对于每个时段,一个单独路段的单位距离行程时间将被检验 $4 \times 3 = 12$ 次。由于每种等级道路均选取 50 个路段,所以对于每种等级道路、候选分布、统计检验方法和时间段,工作日拟合检验将执行 $50 \times 5 = 250$ 次,周末将执行 $50 \times 2 = 100$ 次。表3-1列出了不同时段不同等级道路路段行程时间分布的拟合优度结果。

以下从三个角度分析分布拟合结果,即概率分布类型、时段和道路等级。

表 3-1 各时段各等级道路路段行程时间分布拟合优度结果

| 道路等级 | | 时段 | 分布形式 | 检验方法 | | | 各分布形式(%) | 平均接受率 | | 最优拟合分布 |
|---|---|---|---|---|---|---|---|---|---|---|
| | | | | 通过 K-S 检验(%) | 通过 A-D 检验(%) | 通过卡方检验(%) | | 各时段(%) | 各道路等级(%) | |
| 快速路 | 工作日 | 高峰 17:30—18:30 | 正态分布 | 58.4 | 73.2 | 66.4 | 66.0 | 67.1 | 72.8 | 对数正态分布 |
| | | | 对数正态分布 | 60.4 | 75.2 | 69.6 | 68.4 | | | |
| | | | 伽马分布 | 58.4 | 73.6 | 69.6 | 67.2 | | | |
| | | | 威布尔分布 | 56.8 | 70.4 | 73.2 | 66.8 | | | |
| | | 平峰 12:30—13:30 | 正态分布 | 72.8 | 80.4 | 77.2 | 76.8 | 76.6 | | 对数正态分布 |
| | | | 对数正态分布 | 77.6 | 84.0 | 79.6 | 80.4 | | | |
| | | | 伽马分布 | 73.6 | 82.0 | 76.0 | 77.2 | | | |
| | | | 威布尔分布 | 65.2 | 75.6 | 74.8 | 71.9 | | | |
| | 周末 | 高峰 15:00—16:00 | 正态分布 | 70.0 | 83.0 | 76.0 | 76.3 | 76.9 | | 威布尔分布 |
| | | | 对数正态分布 | 72.0 | 84.0 | 75.0 | 77.0 | | | |
| | | | 伽马分布 | 70.0 | 83.0 | 76.0 | 76.3 | | | |
| | | | 威布尔分布 | 75.0 | 80.0 | 79.0 | 78.0 | | | |
| | | 平峰 12:00—13:00 | 正态分布 | 67.0 | 78.0 | 80.0 | 75.0 | 73.8 | | 对数正态分布 |
| | | | 对数正态分布 | 70.0 | 78.0 | 80.0 | 76.0 | | | |
| | | | 伽马分布 | 70.0 | 78.0 | 79.0 | 75.7 | | | |
| | | | 威布尔分布 | 61.0 | 72.0 | 73.0 | 68.7 | | | |

续上表

| 道路等级 | 时段 | | 分布形式 | 检验方法 | | | 平均接受率 | | 最优拟合分布 |
|---|---|---|---|---|---|---|---|---|---|
| | | | | 通过K-S检验(%) | 通过A-D检验(%) | 通过卡方检验(%) | 各分布形式(%) | 各时段(%) | 各道路等级(%) |
| 快速路辅路 | 工作日 | 高峰 17:30—18:30 | 正态分布 | 75.6 | 82.4 | 78.8 | 78.9 | 82.0 | 87.9 |
| | | | 对数正态分布 | 83.2 | 88.8 | 87.2 | 86.4 | | 对数正态分布 |
| | | | 伽马分布 | 78.8 | 88.4 | 85.6 | 84.3 | | |
| | | | 威布尔分布 | 73.6 | 80.8 | 80.8 | 78.4 | | |
| | | 平峰 12:30—13:30 | 正态分布 | 89.2 | 92.8 | 89.6 | 90.5 | 90.8 | 对数正态分布 |
| | | | 对数正态分布 | 90.8 | 95.2 | 90.8 | 92.3 | | |
| | | | 伽马分布 | 91.2 | 93.6 | 90.0 | 91.6 | | |
| | | | 威布尔分布 | 88.0 | 91.2 | 86.8 | 88.7 | | |
| | 周末 | 高峰 10:00—11:00 | 正态分布 | 90.0 | 92.0 | 88.0 | 90.0 | 90.4 | 对数正态分布 |
| | | | 对数正态分布 | 90.0 | 96.0 | 90.0 | 92.0 | | |
| | | | 伽马分布 | 90.0 | 95.0 | 90.0 | 91.7 | | |
| | | | 威布尔分布 | 84.0 | 91.0 | 89.0 | 88.0 | | |
| | | 平峰 13:30—14:30 | 正态分布 | 94.0 | 95.0 | 89.0 | 92.7 | 92.7 | 伽马分布 |
| | | | 对数正态分布 | 93.0 | 96.0 | 90.0 | 93.0 | | |
| | | | 伽马分布 | 94.0 | 96.0 | 91.0 | 93.7 | | |
| | | | 威布尔分布 | 93.0 | 93.0 | 88.0 | 91.3 | | |

续上表

| 道路等级 | | 时段 | | 分布形式 | 检验方法 | | | 平均接受率 | | 最优拟合分布 |
|---|---|---|---|---|---|---|---|---|---|---|
| | | | | | 通过K-S检验(%) | 通过A-D检验(%) | 通过卡方检验(%) | 各分布形式(%) | 各时段(%) | 各道路等级(%) |
| 干道 | 工作日 | 高峰 17:30—18:30 | | 正态分布 | 77.6 | 82.4 | 75.6 | 78.5 | 83.9 | 89.2 |
| | | | | 对数正态分布 | 87.6 | 92.0 | 86.4 | 88.7 | | |
| | | | | 伽马分布 | 85.2 | 88.0 | 84.4 | 85.9 | | |
| | | | | 威布尔分布 | 82.8 | 85.2 | 79.2 | 82.4 | | 对数正态分布 |
| | | 平峰 12:30—13:30 | | 正态分布 | 91.2 | 94.8 | 92.8 | 92.9 | 93.0 | |
| | | | | 对数正态分布 | 94.8 | 96.8 | 93.6 | 95.1 | | |
| | | | | 伽马分布 | 92.8 | 95.6 | 92.0 | 93.5 | | |
| | | | | 威布尔分布 | 87.6 | 91.2 | 93.2 | 90.7 | | 对数正态分布 |
| | 周末 | 高峰 15:30—16:30 | | 正态分布 | 87.0 | 89.0 | 85.0 | 87.0 | 83.9 | |
| | | | | 对数正态分布 | 92.0 | 92.0 | 92.0 | 92.0 | | |
| | | | | 伽马分布 | 89.0 | 92.0 | 88.0 | 89.7 | | |
| | | | | 威布尔分布 | 86.0 | 88.0 | 85.0 | 86.3 | | 对数正态分布 |
| | | 平峰 12:30—13:30 | | 正态分布 | 94.0 | 97.0 | 89.0 | 93.3 | 93.0 | |
| | | | | 对数正态分布 | 94.0 | 96.0 | 92.0 | 94.0 | | |
| | | | | 伽马分布 | 94.0 | 96.0 | 89.0 | 93.0 | | |
| | | | | 威布尔分布 | 90.0 | 92.0 | 91.0 | 91.0 | | 对数正态分布 |

续上表

| 道路等级 | | 时 段 | 分布形式 | 检验方法 | | | | 平均接受率 | | 最优拟合分布 |
|---|---|---|---|---|---|---|---|---|---|---|
| | | | | 通过K-S检验(%) | 通过A-D检验(%) | 通过卡方检验(%) | 各分布形式(%) | 各时段(%) | 各道路等级(%) | |
| 支路 | 工作日 | 高峰 17:00—18:00 | 正态分布 | 52.4 | 63.2 | 64.4 | 60.0 | 66.7 | 69.9 | 对数正态分布 |
| | | | 对数正态分布 | 68.0 | 77.6 | 76.4 | 74.0 | | | |
| | | | 伽马分布 | 62.8 | 72.8 | 71.6 | 69.1 | | | |
| | | | 威布尔分布 | 52.2 | 62.0 | 74.0 | 63.7 | | | |
| | | 平峰 12:30—13:30 | 正态分布 | 62.4 | 70.8 | 70.0 | 67.7 | 71.6 | | 对数正态分布 |
| | | | 对数正态分布 | 71.2 | 80.4 | 78.0 | 76.5 | | | |
| | | | 伽马分布 | 68.0 | 76.0 | 74.8 | 72.9 | | | |
| | | | 威布尔分布 | 62.0 | 69.6 | 76.0 | 69.2 | | | |
| | 周末 | 高峰 16:30—17:30 | 正态分布 | 56.0 | 69.0 | 61.0 | 62.0 | 68.4 | | 对数正态分布 |
| | | | 对数正态分布 | 68.0 | 78.0 | 75.0 | 73.7 | | | |
| | | | 伽马分布 | 66.0 | 75.0 | 74.0 | 71.7 | | | |
| | | | 威布尔分布 | 59.0 | 67.0 | 73.0 | 66.3 | | | |
| | | 平峰 12:30—13:30 | 正态分布 | 69.0 | 75.0 | 74.0 | 72.7 | 74.8 | | 对数正态分布 |
| | | | 对数正态分布 | 79.0 | 84.0 | 78.0 | 80.3 | | | |
| | | | 伽马分布 | 76.0 | 81.0 | 72.0 | 76.3 | | | |
| | | | 威布尔分布 | 63.0 | 75.0 | 72.0 | 70.0 | | | |

首先,从概率分布类型的角度,比较每个分布对于不同等级道路共计 16 个时段行程时间的平均接受率。结果表明,对数正态分布具有最高的平均接受率,达到 14/16 = 87.5%。值得注意的是,周末高峰时段快速路行程时间分布的最优拟合分布是威布尔分布,而对于周末平峰时段快速路辅路,最优拟合分布是伽马分布。然而,即使在这两个时段下,对数正态分布的接受率与最优拟合分布之间的差异最小,小于 1%。另外,在每个时段内分析最佳拟合分布类型。结果表明,对数正态分布、伽马分布、正态分布和威布尔分布的平均接受率分别为 83.7%,81.9%,78.8% 和 78.2%。显然,与其他三种类型的分布相比,对数正态分布的拟合效果更好。

然后,从时段的角度分析。定义某个时段内所有 12 次统计检验(即 K-S、A-D 和 $\chi^2$ 检验)的平均接受率最高的时段为最佳拟合时段,结果表明,拟合效果最好的三个时段为工作日干道平峰时段、周末干道平峰时段和周末快速路辅路平峰时段,平均接受率为分别为 93.0%、92.8% 和 92.7%。相比之下,拟合效果最差的三个时段是周末支路高峰时段、工作日支路高峰时段和工作日快速路高峰时段,平均接受率分别为 68.4%、67.7% 和 67.1%。除了快速路周末平峰的平均接受率比工作日平峰的平均接受率低之外,对于每个道路等级,工作日的平均接受率总是低于周末,高峰时段的平均接受率总是低于平峰时段。这表明在工作日和周末,高峰时段和平峰时段通常表现出不同的交通状态及行程时间特征。

最后,从道路等级角度分析。在实际中,不同等级道路的行程时间具有不同的变化特征。当各等级道路的拟合检验结果不区分工作日和周末时,快速路、快速路辅路、干道和支路的平均接受率分别为 72.8%、87.9%、89.2% 和 69.9%,表明快速路和干道路段的行程时间比其他等级道路路段更符合标准分布。

## 3.4 路径行程时间可靠性建模

根据上述分析结果,对数正态分布模型对于各等级道路路段在各时段的行程时间综合拟合效果最优,因此采用对数正态分布模型表示路段行程时间分布。路段行程时间的概率密度函数和累积分布函数可表示如下:

$$f(t_{ij}) = \frac{1}{\delta_{ij} t_{ij} \sqrt{2\pi}} \exp\left[ -\frac{1}{2} \left( \frac{\ln(t_{ij}) - \mu_{ij}}{\delta_{ij}} \right)^2 \right] \quad (3-5)$$

$$F(t_{ij}) = \Phi\left( \frac{\ln(t_{ij}) - \mu_{ij}}{\delta_{ij}} \right) \quad (3-6)$$

其中,$t_{ij}$ 表示路段 $a_{ij}$ 的行程时间,$\mu_{ij}$ 表示路段 $a_{ij}$ 行程时间的对数的平均值,$\delta_{ij}$ 表示路段 $a_{ij}$ 行程时间的对数的标准差,$\Phi$ 表示标准正态分布的累积概率分布函数。

路径由若干条路段组成,在忽略路段关联性的情况下,可通过路径中各路段行程时间密度分布函数的卷积积分计算路径行程时间的概率密度分布函数[5,6]。

当考虑路段关联性时,路径行程时间分布的计算将涉及具有相关性的对数正态分布叠加之和(Sum of lognormal distributions, SLN)。然而,具有相关性的对数正态分布叠加之和的概率密度分布函数或累积分布函数并没有闭式表达式(Closed-form expression)。蒙特卡洛仿真方法是一种获得对数正态分布之和的可行方法[7]。但是,如果追求高精度的计算结果,蒙特卡洛方法往往将花费大量的计算时间。因此,在计算路径行程时间分布时引入无线电通信领域中有关对数正态随机变量之和的概率分布模型研究结果。

对于求解具有相关性的对数正态分布叠加之和的概率密度分布函数或累积分布函数，相关研究提出了一些近似计算的方法，这些方法大概可分为三类：数值方法[8-10]、闭式估计方法(Closed-form approximation methods)[11,12]和对数正态分布估计方法[13-15]。数值方法可以计算得出精确的结果，但是数值积分较为费时，并不能满足实际应用需求。闭式估计方法在一定范围内不够准确[16]。对数正态分布估计方法是基于 SLN 由另一个对数正态分布所近似[13,17-18]，尤其是在累积分布函数从 0.01 到 0.99 的范围[17]。显然，该范围对于可靠最短路径问题中出行者设定的行程时间可靠性需求已足够大。

多路段关联情况下计算路径行程时间分布，即计算路段行程时间分布叠加，等同于有相关性的对数正态分布叠加。为了同时保证求解精度及效率，采用对数正态分布估计法计算考虑路段关联性时的路径行程时间分布。类似，Srinivasan 等人[19]应用 Fenton[13]提出的方法近似路径行程时间分布。路径 $P$ 的行程时间分布能够被一个对数正态分布所近似，采用 $LN(\mu_P,\delta_P)$ 表示。$LN(\mu_P,\delta_P)$ 的一阶原点矩 $M_P$ 等于路径 $P$ 所包含路段的行程时间一阶原点矩之和，二阶中心矩 $D_P$ 等于路段的行程时间协方差矩阵的所有元素之和。如果路径 $P$ 包含 $n$ 个路段，那么路径 $P$ 所有路段的行程时间可计算为一个 $n$ 行 $n$ 列的协方差矩阵。$M_P$ 和 $D_P$ 采用矩匹配法(Moment-matching method, MOM)计算如下：

$$M_P = \sum_{ij \in P} m_{ij} = \sum_{ij \in P} \exp(\mu_{ij} + 0.5\delta_{ij}^2) \tag{3-7}$$

$$D_P = \sum_{ij,uw \in P} \text{Cov}(t_{ij}, t_{uw}) = \sum_{ij \in P} \exp(2\mu_{ij} + \delta_{ij}^2)(\exp(\delta_{ij}^2) - 1) + \sum_{ij,uw \in P \text{且} ij \neq uw} \rho_{ij,uw} \times \sqrt{\exp(2\mu_{ij} + \delta_{ij}^2)(\exp(\delta_{ij}^2) - 1)\exp(2\mu_{uw} + \delta_{uw}^2)(\exp(\delta_{uw}^2) - 1)} \tag{3-8}$$

其中，$m_{ij}$ 表示路段 $a_{ij}$ 行程时间的平均值，$t_{uw}$ 表示路段 $a_{uw}$ 的行程时间，$\mu_{uw}$ 表示路段 $a_{uw}$ 行程时间的对数的平均值，$\delta_{uw}$ 表示路段 $a_{uw}$ 行程时间的对数的标准差，$\rho_{ij,uw}$ 表示路段 $a_{ij}$ 的行程时间和路段 $a_{uw}$ 的行程时间的相关系数。式(3-7)左侧是路径行程时间的均值，右侧是路径所包含路段的行程时间均值之和。式(3-8)左侧是路径行程时间的方差，右侧是路径所包含路段的行程时间协方差矩阵的所有元素之和。

另外，路径行程时间分布的近似分布 $LN(\mu_P,\delta_P)$ 的参数 $\mu_P$ 和 $\delta_P$，分别表示近似分布随机变量的对数的平均值和标准差，计算如下：

$$\mu_P = \ln\left(M_P^2 \big/ \sqrt{M_P^2 + D_P}\right) \tag{3-9}$$

$$\delta_P = \sqrt{\ln(1 + D_P/M_P^2)} \tag{3-10}$$

### 参 考 文 献

[1] Gucunski N, Imani A, Romero F, et al. The second strategic highway research program[J]. Nondes tructive Testing to Identify Concrete Bridge Deck Deterioration, 2013.

[2] Administration F. Travel time reliability: Making it there on time, all the time[M]. 2006.

[3] Pu W. Analytic relationships between travel time reliability measures[J]. Transportation Research Record, 2011, 2254(1):122-130.

[4] Zeng W, Miwa T, Wakita Y, et al. Application of Lagrangian relaxation approach to α-reliable

path finding in stochastic networks with correlated link travel times[J]. Transportation Research Part C:Emerging Technologies,2015,56:309-334.

[5] Nie Y,Wu X,Dillenburg J,et al. Reliable route guidance:a case study from Chicago[J]. Transportation Research Part A:Policy and Practice,2012,46(2):403-419.

[6] Lei F,Wang Y,Lu G,et al. A travel time reliability model of urban expressways with varying levels of service[J]. Transportation Research Part C:Emerging Technologies,2014,48(48):453-467.

[7] Ji Z,Yong S,Chen A. Multi-objective α-reliable path finding in stochastic networks with correlated link costs:a simulation-based multi-objective genetic algorithm approach[J]. Expert Systems with Applications,2011,38(3):1515-1528.

[8] Beaulieu N. Fast convenient numerical computation of lognormal characteristic functions[J]. IEEE Transactions on Communications,2008,56(3):331-333.

[9] Mahmoud A. New quadrature-based approximations for the characteristic function and the distribution function of sums of lognormal random variables[J]. IEEE Transactions on Vehicular Technology,2010,59(7):3364-3372.

[10] Tellambura C,Senaratne D. Accurate computation of the MGF of the lognormal distribution and its application to sum of lognormals[J]. IEEE Transactions on Communications,2010,58(5):1568-1577.

[11] Lam C,Le-Ngoc T. Estimation of typical sum of lognormal random variables using log shifted gamma approximation[J]. IEEE Communications Letters,2006,10(4):234-235.

[12] Renzo M,Graziosi F,Santucci F. Further results on the approximation of log-normal power sum via pearson type IV distribution:a general formula for log-moments computation[J]. IEEE Transactions on Communications,2009,57(4):893-898.

[13] Fenton L. The sum of log-normal probability distributions in scatter transmission systems[J]. Ire Transactions on Communications Systems,1960,8(1):57-67.

[14] Beaulieu N,Xie Q. Minimax approximation to lognormal sum distributions[J]. Vehicular Technology Conference,2003,1062:1061-1065.

[15] Beaulieu N,Xie Q. An optimal lognormal approximation to lognormal sum distributions[J]. IEEE Transactions on Vehicular Technology,2004,53(2):479-489.

[16] Hcine M,Bouallegue R. Fitting the log skew normal to the sum of independent lognormals distribution[J]. Mathematics,2015.

[17] Schwartz S,Yeh Y. On the distribution function and moments of power sums with log-normal components[J]. Bell System Technical Journal,1982,61(7):1441-1462.

[18] Hcine M,Bouallegue R. Highly accurate log skew normal approximation to the sum of correlated lognormals[J],2015.

[19] Srinivasan K,Prakash A,Seshadri R. Finding most reliable paths on networks with correlated and shifted log-normal travel times[J]. Transportation Research Part B:Methodological,2014,66(8):110-128.

# 第4章　基于网格化浮动车数据的快速路行程时间短时预测

作为城市路网的主骨架,快速路承担了城市大部分日常通勤任务,成为行程时间研究的首要对象。本章面向城市快速路,提出一种简单高效的网格化浮动车数据处理方法,充分考虑快速路交通状态时空特性,建立基于模式匹配算法的行程时间短时预测模型,实现对行程时间的精准预测。

基于北京市快速路浮动车实测数据,首先将快速路离散为固定大小的时空网格,将采集到的车辆 GPS 速度数据映射至时空网格中,获取时空平均速度矩阵;然后分析快速路交通状态的时空特征,识别路网拥堵瓶颈,创建基于概率统计的拥堵地图;针对现有预测模型预测时间和空间范围小、预测精度不高、难以适应交通流动态时变特性等不足,结合历史数据与当前实际交通状态,构建基于模式匹配算法的行程时间短时预测模型,在保证预测模型精度和鲁棒性的前提下,对预测结果进行多角度、多场景分析评价,验证模型的有效性。

## 4.1　浮动车数据采集与处理

交通信息采集是行程时间短时预测的基础。浮动车系统是指通过运用交通流中一定占比的车辆与交通信息中心进行实时数据交换的一种新型交通信息采集系统。与传统的交通信息采集方式不同,浮动车系统由于运行简便、时空覆盖范围广、投资回报率高等特点,受到广泛关注。当浮动车在道路上行驶时,利用 GPS 定位技术、无线通信技术和电子信息技术,对来自路网纵剖面的交通流参数进行实时采集,如浮动车的车辆信息、行程速度、经纬度坐标、方向等。基于北京市浮动车系统采集的快速路数据,提出一种网格化处理浮动车轨迹数据的方法,该方法不需要复杂的地图匹配算法,简单、高效地将离散浮动车轨迹数据转化为连续的时空网格数据。

### 4.1.1　GPS 轨迹数据预处理

北京市二环至五环快速路长度分别为 33km、48km、65km 和 98km,这些快速路被辅路包围,并由进出口代替匝道与辅路连接。与高速公路的匝道不同,邻近城市快速路的进出口用于合分流的外车道较短,并且存在大量不同类型的互通式立交用以交通的合分流。二环至五环的互通式立交数目分别为 38、48、53 和 47。每一个互通式立交通常对应一对进出口,平均距离约为 1km,这些进出口均为潜在的拥堵瓶颈。

所用数据包括 2015 年 1 月 1 日至 2 月 14 日,共计 45 天的出租车 GPS 轨迹数据。出租车作为一种典型的浮动车,其载客状态对应的驾驶行为与普通社会车辆更为类似,因此仅考虑载客的出租车数据展开分析。出租车 GPS 轨迹数据包含 14 种不同字段的信息,数据类型包括轨迹 ID、终端采集时间、经纬度坐标等,见表 4-1。

GPS 轨迹数据包含的字段及含义    表 4-1

| 字段名称 | 字段含义 | 取值说明 |
| --- | --- | --- |
| 轨迹 ID | 一次驾车行驶轨迹 | 字符串型 |
| 终端采集时间 | 时间戳 | YYYYMMDDhh-24mmss |
| 数据源标识 | 数据源唯一 ID | 数值类型,范围 0-65535 |
| 采集车 | 车辆唯一标识 | 字符串型 |
| 经度 | GPS 瞬时坐标 | 单位"度" |
| 纬度 | GPS 瞬时坐标 | 单位"度" |
| 速度 | GPS 瞬时速度 | 单位"km/h" |
| 方位角 | GPS 瞬时方位角 | 单位"度",范围 0~360 |
| 营运状态 | 空重车状态 | 0:空车,1:重车 |
| 道路映射点经度 | GPS 点匹配道路的映射点坐标 | 无法匹配的 GPS 点记为 -1 |
| 道路映射点纬度 | GPS 点匹配道路的映射点坐标 | 无法匹配的 GPS 点记为 -1 |
| Mesh | 瓦片图幅号 | Mesh + Road_ID 确定一条路 |
| Dir | 道路通行方向 | 数值型 |
| Road_id | 瓦片内道路编号 | 数值型 |

每条快速路均可分为内环(顺时针方向)和外环(逆时针方向)两个方向。图 4-1a)展示了 2015 年 1 月 6 日早 8:00—8:01 北京市所有出租车轨迹点的集聚分布情况,可清晰勾勒出快速路骨架。通过与真实地图对比,基于 GPS 轨迹点可视化可大致判断路网位置乃至区分主要道路,可见样本量充足。图 4-1b)展示了 GPS 轨迹点在一个工作日之内的变化情况,可见夜间 GPS 轨迹点较少,而白天高峰时段 GPS 轨迹点数平均值大约为 6000。图 4-1c)展示了 GPS 轨迹点的日变化情况,可见工作日 GPS 轨迹点多于非工作日,总体上 GPS 轨迹点覆盖范围广泛,样本量充足。基于 GPS 轨迹点的统计分析可见浮动车在城市的覆盖率基本满足研究要求,也为基于浮动车数据估计路网交通状态提供了理论基础和依据。

GPS 轨迹数据首先要进行预处理,主要是剔除异常数据,以防止对模型结果产生干扰。异常轨迹剔除包括:检验两次轨迹点时间间隔大于 120s,两次时间间隔之内距离大于 150m。另外,检验轨迹点是否处于载客状态,空载车辆的轨迹模式不同于常规模式,其运行轨迹会对结果产生负面影响,因此需要剔除空载车辆数据。检测 GPS 点速度值是否大于 80km/h,由于快速路的速度限制为 80km/h,如果速度大于此阈值,则属于异常数据,需要剔除。

### 4.1.2 时空网格数据构建

为了更好地利用浮动车轨迹数据揭示快速路交通流动态特性,提出一种时空网格化处理海量浮动车 GPS 轨迹数据的方法,不需要复杂的地图匹配算法,简单、高效地将离散浮动车数据转化为时空网格数据,便于不同 OD 对之间交通状态及行程时间研究[1]。具体步骤如下:

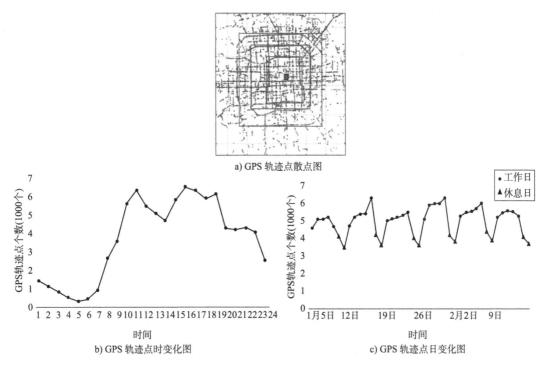

图 4-1  北京市 GPS 轨迹数据统计情况

（1）选取包含目标路段的路网区域，将路网划分为均质正方形网格。如果网格尺寸过小，则不能保证一定时间间隔内网格中包含足够密集的 GPS 点；如果网格尺寸过大，则不能揭示路网交通流精细化特征，因此网格尺寸过大或过小均会对分析结果造成较大影响。以北京市三环为例，在反复测试多组网格尺寸后，确定在三环区域内选择 16km × 16km 的中心区域，划分路网为 100m × 100m 的正方形网格，既保证每个网格具有足够多的 GPS 轨迹点，又能在一定程度上简化计算量，如图 4-2 所示。

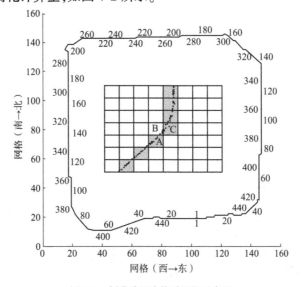

图 4-2  划分路网为均质网格示意图

(2) 在目标路段随机设置四组起止点坐标（OD 对），抽取沿顺时针方向通过任意 OD 对完整的 GPS 样本轨迹勾勒目标路段，采用筛选出的 GPS 轨迹数据自动生成与现实路网重叠的正方形网格，如图 4-3 所示。

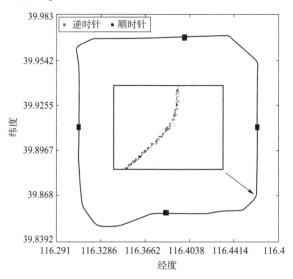

图 4-3　用 GPS 轨迹勾勒目标路段

(3) 通常情况下，一条快速路包含顺时针和逆时针两个方向，因此需要标定网格内交通流的方向。具体方法是：统计所有落在网格内 GPS 方向信息，计算交通流方向的最小值、最大值、平均值和标准差，将这些数据点的移动方向简单平均后作为网格内方向范围的中心，再通过增加度数扩展中心为区域，该度数作为方向范围的宽度，本案例中根据快速路交通流特性设定交通流方向的宽度为 30°，如图 4-4 所示。

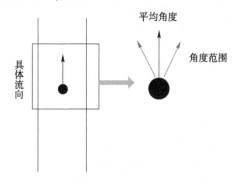

图 4-4　标定网格内交通流向示例

为了验证方法的有效性，随机挑选 10 条通过该目标路段的 GPS 轨迹，对比 GPS 瞬时速度点的分布和网格内平均速度的分布。如图 4-5 所示，尽管存在一定的偏差，GPS 瞬时速度（散点趋势线）与网格内平均速度（黑点）分布较为接近，可见本方法能够准确追踪快速路交通流演变趋势。表 4-2 展示了对应的量化统计指标，平均绝对误差（MAE）和平方根误差（RMSE）均小于 10km/h，平均绝对误差（MAPE）小于 15%，表明该方法精度可以接受。

# 第4章 基于网格化浮动车数据的快速路行程时间短时预测

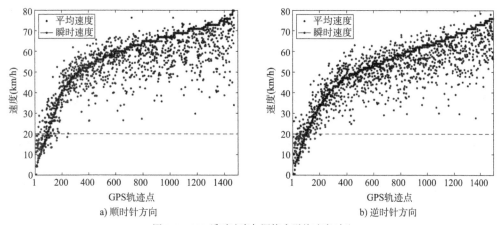

图 4-5 GPS 瞬时速度与网格内平均速度对比

**GPS 瞬时速度与网格内平均速度统计对比**　　　　表 4-2

| 方　向 | 总　数 | MAE(km/h) | RMSE(km/h) | MAPE |
|---|---|---|---|---|
| 顺时针方向 | 1470 | 5.68 | 8.78 | 13.1% |
| 逆时针方向 | 1515 | 6.10 | 8.77 | 15.0% |

在确定网格和网格内交通流向之后,将所有采集到的 GPS 轨迹点按照经纬度坐标映射至所勾勒路段的时空网格内,再将每个网格内所有 GPS 轨迹点按照每 2min 进行集计,将所有 GPS 轨迹点的速度平均值作为此 100m 路段内每 2min 的平均速度,并利用线性插值法修补网格中缺失的数据,最终即可得到完整的速度时空网格数据,即每个网格代表每 100m 每 2min 的平均速度。速度时空网格数据能够描述整个目标路段的交通状态,将 GPS 高度离散化的轨迹点转化为连续的时空速度矩阵也便于系统揭示交通状态在时空范围内的演化规律。

将速度时空网格数据可视化即可得到目标路段的时空速度云图,如图 4-6 所示。其中,横轴代表时段,纵轴代表路段空间位置,不同的颜色深度代表不同的平均速度值大小。时空速度云图从时间和空间两个维度展示了快速路交通状态的分布,从时空速度云图中可观察到丰富的交通信息,不仅包括常发性交通拥堵,还可以解析拥堵形态、交通波在时空范围中的传播,为快速路交通时空特征分析做好铺垫。

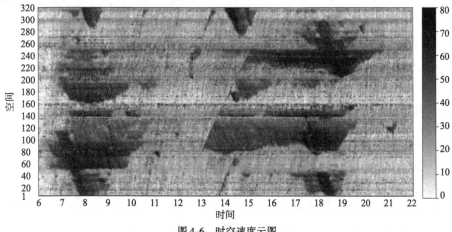

图 4-6 时空速度云图

## 4.2 快速路交通状态时空特征分析

由于受到居民出行、城市功能规划、气候、地理因素限制及社会活动等影响,城市快速路交通状态时刻发生变化,体现出明显的时空特征。基于网格化处理浮动车数据得到的时空速度云图,可进一步深入分析快速路交通状态的时空特征,从概率统计的角度解析交通拥堵在时空范围内的传播途径和传播方式,发现并掌握潜在的变化规律,并以此作为提升行程时间短时预测精度的手段。

### 4.2.1 路网拥堵特征分析

在速度时空云图中可解析丰富的交通信息,如瓶颈拥堵信息和交通拥堵的扩散机制。交通拥堵在时空中以交通波的形式传播,基于速度时空云图解析的瓶颈处交通波传播方式如图4-7所示。交通波传播模式被Treiber[2]定义为一般拥堵模式,图4-7中可判别该种交通拥堵模式在时空范围内的传播,计算波速约为17km/h。

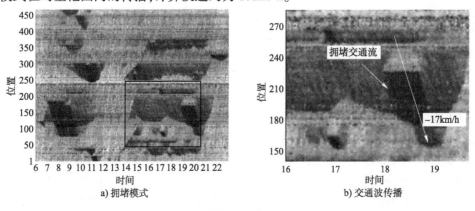

图4-7 典型拥堵模式示例

选取一个典型的工作日和一个典型的非工作日定量分析交通拥堵情况。设置速度阈值为30km/h,小于此阈值即判定为拥堵,综合两天的数据计算拥堵指标如图4-8所示。结果可见:交通拥堵在工作日和非工作日差别明显,工作日的拥堵时间占比相比非工作日多了近10%。对于典型的非工作日,早高峰时段基本不存在拥堵,拥堵主要发生在平峰时段和晚高峰时段,符合非工作日人们的休息模式。对于一个典型的工作日而言,可见一天中约有一半的时间拥堵,由此可见北京快速路拥堵严重。进一步分析拥堵时间占比可见,工作日拥堵集中于早晚高峰,造成这种现象的原因主要是早晚高峰的通勤车流持续较大,与北京职住分离的客观现实关系密切。

为了进一步揭示快速路交通流时空特征,以北京市二环快速路为例,构建基于概率的拥堵地图,分析快速路拥堵特征。统计45天浮动车数据,计算整条二环快速路在时空范围的拥堵概率,即统计计算45天内路段拥堵概率在整个时空范围内的分布,如图4-9所示。拥堵概率采用不同的颜色表示,深色代表拥堵发生概率较高,浅色代表拥堵概率偏低。深色面积越大即代表拥堵在时间和空间范围内蔓延越广。由图4-9可见,北京市二环快速路拥堵严重,尤其是在早晚高峰时段,拥堵在时间范围内蔓延了数小时,在空间范围内各拥堵路段基本连成一片。

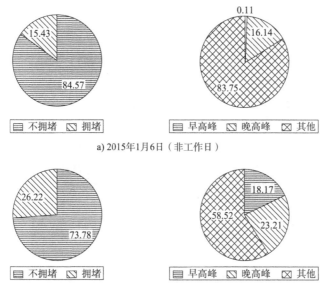

a) 2015年1月6日（非工作日）

b) 2015年2月14日（工作日）

图 4-8　北京快速路交通拥堵占比分析

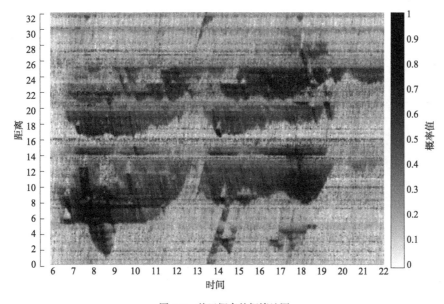

图 4-9　基于概率的拥堵地图

设置概率阈值为 $0.8$[1]，大于此阈值即认为是常发性拥堵，对于概率值大于 $0.8$ 的区域，即认为是固定拥堵瓶颈点，几乎长时间处于拥堵状态。造成这种现象的原因是快速路道路结构不甚合理，或是在汇流处时常涌入大量车流。因此，进一步参考概率阈值识别拥堵，并辅以实际地图，解析北京市二环快速路固定瓶颈点。如图 4-10 和图 4-11 所示，北京市二环快速路瓶颈点分别发生在早高峰时段西直门桥和广渠门桥路段，晚高峰时段复兴门桥和建国门桥。

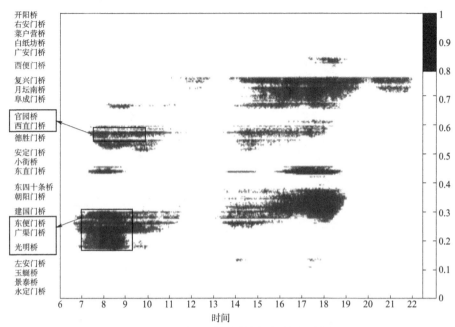

图 4-10　北京市二环快速路早高峰固定瓶颈分布

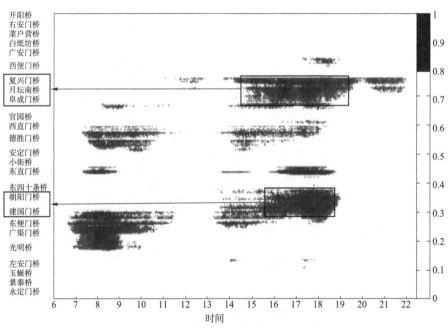

图 4-11　北京市二环快速路晚高峰固定瓶颈分布

结合实际路况进一步分析,可见大部分常发性拥堵发生在环路与城市干道连接处,车流的汇入经常导致交通需求大于交通供给,因此为拥堵瓶颈潜在发生点。通过对比早晚高峰瓶颈的分布可知,无论是在时间维度还是空间维度,晚高峰拥堵状况均比早高峰更加严重,拥堵在时空中的蔓延也更为广泛。但早晚高峰拥堵在空间范围内较为固定,可针对固定瓶颈点展开实地调查,对于不合理的路段及时进行改造和修缮,缓解快速路拥堵问题。

进一步分析北京市快速路交通拥堵的时空特征：在早高峰时段拥堵传播方向是从南城到北城，而晚高峰主要拥堵传播呈现与早高峰完全相反的方向，即从北城到南城。因此，北京市南城和北城出现了明显的潮汐现象，与北京职住分离的现状关系密切。北城经济发展较好，聚集较多知名企业，创造了大量的就业机会，而南城由于经济发展相对滞后，房价相比北城相对较低，因此更多是居住生活区。职住分离现象大大增加了平均通勤时间，再加上通勤出行者普遍认为快速路不受信号控制，较市内干道更为畅通，因此普遍选择快速路通行，加重了北京市快速路的交通负荷，造成严重的拥堵情况。

### 4.2.2　车辆时空轨迹重构

行程时间能够在一定程度上从全局角度实时衡量城市路网的服务水平，为交通管控提供依据。根据快速路时空速度云图，即目标路段在各个时间间隔的速度均值，对任意给定出发时刻的车辆，其行驶轨迹可通过设计算法[3]得到，同时可计算和估计得到通过完整目标路段的瞬时(Instantaneous travel time)与真实行程时间(Experienced travel time)，为构建快速路行程时间预测模型奠定基础。

根据时空速度矩阵构建车辆时空轨迹的方法如图 4-12 所示。假设快速路目标路段的交通状态是一个 5×5 的时空速度矩阵，即目标路段被划分为五个等距路段和五个相等的时间间隔，分别采用 $\Delta x$ 和 $\Delta t$ 表示。车流实际通过路段的轨迹可采用网格内的斜线表示，其中斜线的斜率代表此时间间隔内通过路段的速度，图中由起点到终点的折线代表车流的实际轨迹，与纵坐标轴之间的距离代表通过目标路段的行程时间。同时，行程时间可视作对目标路段的速度值积分，是目标路段速度的抽象表示。

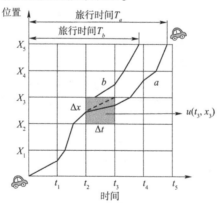

图 4-12　车辆轨迹重构计算示例

如图 4-12 所示，深灰色线 a 和浅灰色线 b 分别代表车辆轨迹水平穿过网格和垂直穿过网格，主要取决于对应时刻的速度与网格内斜线的斜率大小，如果车辆速度小于斜线斜率，则如深灰色线 a 水平穿过网格，反之则如浅灰色线 b 垂直穿过网格。具体算法流程如图 4-13 所示。首先，对车辆的速度和位置进行初始化，判断车辆的实际速度与网格内斜率的大小。如果车辆速度小于斜线斜率，则车辆水平穿过网格；如果车辆速度大于斜线斜率，则车辆垂直穿过网格。然后，根据车辆水平或者垂直穿过网格，动态更新车辆轨迹位置坐标，以此类推，以车辆是否通过整条完整的目标路段为依据，判断是否终止循环条件，当车辆通过整条目标路段时，累加求和得到行程时间。

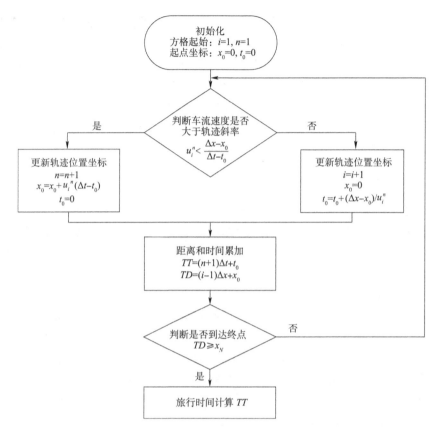

图 4-13 车辆轨迹重构流程

对于快速路行程时间,通常有两种计算方法,分别是瞬时行程时间和真实行程时间。如图 4-14 所示,瞬时行程时间是指假定出发时刻目标路径所有路段的交通状态保持不变,即保持每个网格内的速度不变,计算给定时刻下通过每个网格的行程时间,并将其累加得到通过完整目标路径的瞬时行程时间。真实行程时间是指车辆通过完整目标路径所有路段的真实行程时间,在计算时动态更新车辆进入不同网格后的速度,最终通过累加所有网格的行程时间得到通过整条路径的真实行程时间。瞬时行程时间假定通过各路段的速度保持不变,未考虑交通流时变的动态特性,计算得到的行程时间与车辆实际经历的行程时间相差较大。而在计算真实行程时间时,车辆速度根据交通状态实时更新,因此可认为是对实际情况的准确估计。由图 4-14 可见计算瞬时行程时间和真实行程时间分别对应的车辆轨迹差异较大。

为了进一步揭示两者的差异,以北京市二环快速路为例,绘制在任意给定出发时刻的车辆时空轨迹图,如图 4-15 所示,对应的瞬时行程时间和真实行程时间如图 4-16 所示。由图可见,在早晚高峰时段拥堵传播和消散的过程中,两者差异较大。以早上七点为例,通过整条二环快速路的瞬时行程时间为 53min,真实行程时间为 74min,两者相差 21min。然而,对于早上八点,通过整条二环快速路的瞬时行程时间为 89min,真实行程时间为 65min,两者相差 24min。瞬时行程时间忽略了速度时空的动态变化,而真实行程时间是车辆通过整条目标路段所需时间的估计值,无法实时获取,因此需要构建模型实时预测快速路行程时间。

# 第4章 基于网格化浮动车数据的快速路行程时间短时预测

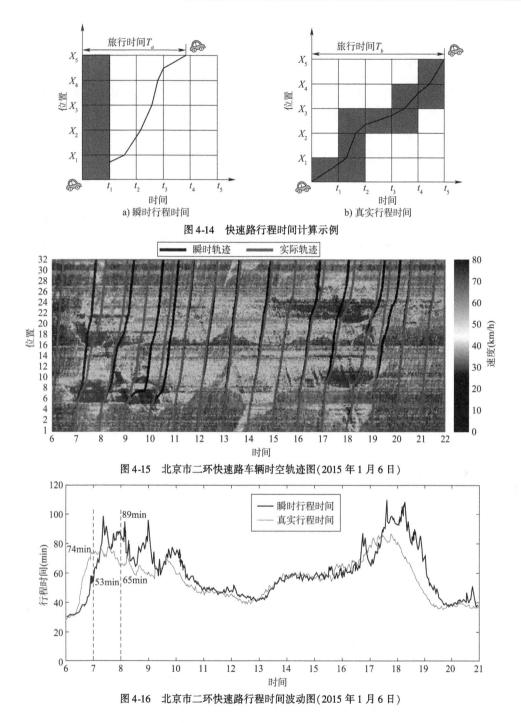

a) 瞬时行程时间
b) 真实行程时间

图 4-14 快速路行程时间计算示例

图 4-15 北京市二环快速路车辆时空轨迹图(2015 年 1 月 6 日)

图 4-16 北京市二环快速路行程时间波动图(2015 年 1 月 6 日)

## 4.3 快速路行程时间短时预测

利用模式匹配算法对行程时间进行短时预测建模,将时空交通状态类比图像,运用计算机视觉中灰度共生矩阵算法提取交通状态时空演变特征,采用标准平方差度量提取的特征矩阵相似性,将真实行程时间引入至权重分配的过程中,最终通过对匹配的时空模式对应的

53

行程时间加权求和,获得行程时间短时预测结果。

### 4.3.1 特征聚类

基于模式匹配的行程时间短时预测模型,其基本假设是:交通状态具有较强的周期性和常发性,相似的交通模式会在相当长的时间跨度内反复出现,且对于任意给定出发时刻,如果之前的交通状态相似,则后续交通状态演化特征亦具有相似性。基于此,对交通状态进行特征聚类分析,针对不同特征进一步细化模型,提高模型预测效果。

为了揭示交通状态在工作日和非工作日的变化特征,图 4-17 展示了在不同出发时刻通过整条二环快速路的行程时间在工作日和非工作日的 10%、50% 和 90% 分位值。可见高峰拥堵时段的行程时间各分位值波动较为剧烈,图 4-17a) 显示工作日的早晚高峰分别在 7:30—8:30 和 17:00—18:00,图 4-17b) 显示非工作日的早晚高峰分别在 10:00—11:00 和 14:30—15:30。

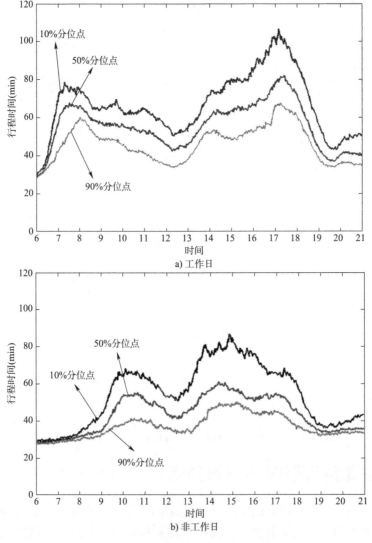

图 4-17 10%、50%、90% 分位行程时间波动

该预测模型的基本原理是充分利用交通状态与其对应的行程时间的关系,因此历史交通状态的数据库构建对于模型预测精度起到至关重要的作用。为了提高匹配效率,采用层次聚类的方法将不同日期的交通状态进行聚类分析。该聚类算法的输入是快速路交通流的时空速度矩阵(时空颗粒度分别为每 2min 和每 100m,整条北京市二环快速路,6:00—22:00),将时空速度矩阵变换为一个时间序列的列向量作为输入,共有 320 时空网格 × 480 时间间隔 = 153600 速度值,即将一整天的交通状态表示为一个 153600 维度的时间序列向量。北京市二环快速路 2015 年 1 月 1 日至 2 月 14 日共计 45 天数据聚类的结果如图 4-18 所示。历史数据被分为两类,分别对应工作日与非工作日。需要注意的是非工作日包含周六、周日和节假日,由于元旦调休的原因,1 月 2 日(周五)和 1 月 4 日(周六)分别被正确地归类为非工作日和工作日,由此可见交通通勤在工作日与非工作日呈现明显的差别。

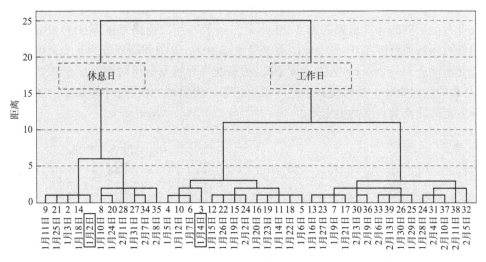

图 4-18　休息日与工作日层次聚类结果

### 4.3.2　预测模型构建

基于模式匹配的基本原理,预测模型的构建流程主要分为三个步骤:获取当前交通状态,与历史数据库匹配,预测未来行程时间,如图 4-19 所示。具体而言,通过将当前交通状态(如图中黑色虚线框所示)与历史数据库交通状态进行匹配,查找与其相似的交通状态,并筛选出若干个最相似的交通状态,被称为候选(Candidate),将每个候选对应的行程时间按照一定规则加权求和得到最终的预测值。以下将详细介绍特征提取、相似性度量及权重分配涉及的具体技术细节。

1)特征提取

将交通状态采用时空速度矩阵表示,由模式匹配原理可知,交通状态特征提取的准确度很大程度上决定了行程时间预测模型的精度。在计算机视觉领域,灰度共生矩阵常用来进行图像分析和模式匹配,提取图像特征[4,5]。灰度共生矩阵是像素距离与角度的矩阵函数,通过计算图像中一定方向和一定距离的两点灰度之间的相关性,反映图像在间隔、方向、变化幅度等方面的综合信息。考虑到时空速度矩阵作为交通状态在时空范围内的抽象表征,将其类比为一幅图像,不同的交通状态对应不同的时空速度及蔓延范围,相应地,在图像上也呈现一定的差异性。因此,将灰度共生矩阵应用于交通状态提取,即提取交通状态时空演变特征,揭示其内在演化机理,便于进行模式匹配。

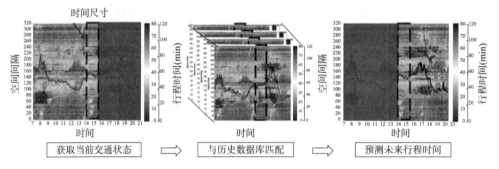

图 4-19　基于模式匹配的快速路行程时间短时预测流程

灰度共生矩阵的计算示例如图 4-20 所示。由于二环快速路速度限制为 80km/h,采集到的速度数据取值范围是 0 ~ 80km/h,将速度值以 10km/h 为间隔划分为 8 个灰度等级。假定时空交通状态为一个 4 × 5 阶的速度矩阵,根据灰度等级划分将时空速度矩阵转化为包含元素 1 ~ 8 的映射矩阵。然后统计水平方向上相邻元素出现的次数,计算如式(4-1)所示,进而将映射矩阵转换为灰度共生矩阵。

| 灰度等级 | 范围(km/h) |
|---|---|
| 1 | 0 ≤ 速度 ≤ 10 |
| 2 | 10 < 速度 ≤ 20 |
| 3 | 20 < 速度 ≤ 30 |
| 4 | 30 < 速度 ≤ 40 |
| 5 | 40 < 速度 ≤ 50 |
| 6 | 50 < 速度 ≤ 60 |
| 7 | 60 < 速度 ≤ 70 |
| 8 | 70 < 速度 ≤ 80 |

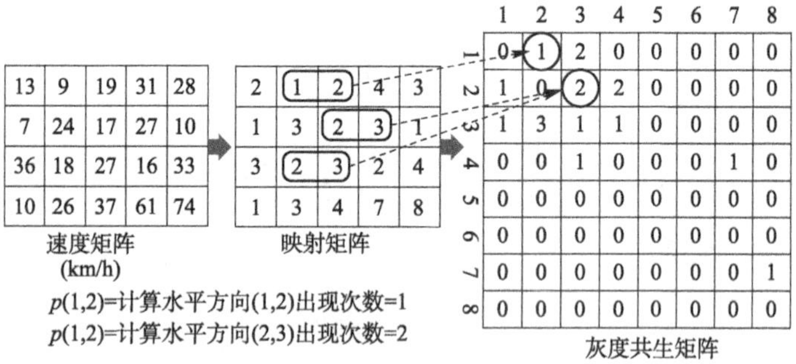

图 4-20　灰度共生矩阵算例

$$p(i,j) = \#\{(x_1,y_1),(x_2,y_2) \in M \times N \mid f(x_1,y_1) = i, f(x_2,y_2) = j\} \tag{4-1}$$

其中,$p(i,j)$是灰度共生矩阵的元素值,$f(x,y)$是相邻速度值$(x,y)$离散化后的值,$i$ 和 $j$ 分别表示灰度值,$M$ 和 $N$ 分别表示矩阵的维度。

综上,经过一系列变换,速度时空矩阵转化为一个 8 × 8 阶灰度共生矩阵,可认为是时空交通状态的高阶抽象表达。灰度共生矩阵能够较好地提取交通状态特征,揭示时空演化机理,后续将其作为输入度量当前时刻交通状态与从历史数据库中匹配出的候选时空模式(Candidate)之间的相似性。

2)相似性度量

相似性度量是模式匹配算法的关键所在,如何度量匹配出的时空模式的相似性对于预测精度影响较大。对于时间序列数据,常用的距离度量方法有欧氏距离、加权欧氏距离和相关系数等[6]。为了度量从时空速度矩阵中提取的灰度共生矩阵的相似性,采用计算机视觉常用的相似性度量指标:标准平方差[7],计算如式(4-2)所示。

## 第4章 基于网格化浮动车数据的快速路行程时间短时预测

$$NSD = \frac{\sum_{T,I}(T(c,L) - I(h,L))^2}{\sqrt{\sum_{C,L}T(c,L)^2} \cdot \sqrt{\sum_{H,L}I(h,L)^2}} \tag{4-2}$$

其中,$c$ 和 $h$ 分别表示给定交通状态的起始时刻和从历史数据库匹配出的时空模式的起始时刻;$L$ 表示时空模式的宽度(时间间隔个数);$T(c,L)$ 表示从时空速度矩阵 $D(n,m)$ 提取出的灰度共生矩阵,表征当前出发时刻的交通状态;$I(h,L)$ 表示从时空速度矩阵 $H(n,m)$ 提取出的灰度共生矩阵。$T(c,L)$ 和 $I(h,L)$ 均包含 $L$ 个时间间隔,分别为 $[c-L+1,c-L+2,\cdots,c]$ 和 $[h-L+1,h-L+2,\cdots,h]$。

利用标准平方差度量时空模式之间的相似性,相较于相关系数法,降低了时间复杂度,相较于加权欧氏距离法,归一化后消除了极值的影响,提升了计算效率和精度。在从历史数据库中动态匹配时空特征时,相似性指标数值越小表明匹配出的时空模式与给定模式越相似,越大表示两者越不相似。根据相似性指标筛选出 $K$ 个与给定模式最相似的时空模式,筛选出的时空模式对应的行程时间将用于快速路行程时间短时预测。

3)权重分配

快速路行程时间短时预测的基本假设为:对于任意给定的出发时刻,如果出发时刻之前的交通状态相似,则后续交通状态的演化特征亦具有相似性。模式匹配算法的核心正是利用若干与给定出发时刻前交通状态相似的时空模式对应的行程时间,经过一系列加权操作得到最终的行程时间预测值。因此,如何进行合理的权重分配将会直接影响模型的预测精度[8]。

根据基于标准平方差的相似性度量指标得到 $K$ 个最相似的时空模式,相似性指标数值越小,代表其与给定的时空模式越相似,所代表的交通状态越接近,其对应的行程时间更接近预测值,应为其分配较大的权重。需要注意的是,现实中可能存在以下情况:出发时刻之前的交通状态相似,而后续交通状态演化特征差别显著。造成这种现象的原因可能是因为交通事故或交通管制等突然事件导致交通状态发生突变,此时如果赋予其较大的权重,则会导致较大的预测误差。

为了解决上述问题,对权重分配进行深入探讨。由于真实行程时间为通过完整目标路段所需的时间,可看作时空速度矩阵对时间的积分,是整个目标路段速度的抽象代表,真实行程时间通常被认为是实际车流通过整个目标路段最准确的估计。因此,相似的真实行程时间表示相似的交通状态演化,给定出发时刻对应的真实行程时间可以在很大程度上反映未来交通状态的演化过程,因此模型通过度量时空模式包含的若干个时间间隔对应的真实行程时间的关系进行权重分配,具体过程如图4-21所示。

步骤1:计算标准时空模式与匹配得到的候选时空模式之间的RMSE(均方根误差)。

如图4-21所示,预测目标曲线代表给定的时空模式若干个时间间隔对应的真实行程时间,假设从历史数据中匹配出两个最相似的时空模式,如图中的候选1和候选2。候选与预测目标之间的均方根误差计算如下:

$$\text{RMSE}(r_i) = \sqrt{\frac{\sum_{j=1}^{m}(T_{i,j}^{Exp} - \hat{T}_j^{Exp})^2}{m}} \tag{4-3}$$

其中,$r_i$ 表示第 $i$ 个候选与预测目标之间的均方根误差;$m$ 表示时间间隔个数;$T_{i,j}^{Exp}$ 表示

在第 $i$ 个候选在第 $j$ 个时间间隔对应的真实行程时间;$\hat{T}_j^{Exp}$ 表示预测目标在第 $j$ 个时间间隔对应的真实行程时间。

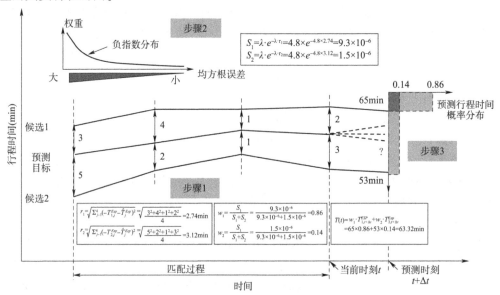

图 4-21 权重分配算例

步骤 2:将步骤 1 计算得到的均方根误差带入负指数分布:

$$s_i = \lambda \cdot e^{-\lambda \cdot r_i} \tag{4-4}$$

其中,$S_i$ 表示给定时空模式的预测目标与匹配出的候选时空模式之间的相似性;$\lambda$ 表示负指数分布的系数。引入负指数分布是为了消除极端值对预测结果的影响,使预测结果更加准确。

步骤 3:每一个筛选出的候选对应的权重 $w_i$ 计算如下:

$$w_i = \frac{s_i}{\sum_{i=1}^{K} s_i} \tag{4-5}$$

步骤 4:对筛选出的候选对应的真实行程时间值加权求和,计算最终的预测值 $\hat{T}$:

$$\hat{T}(t+\Delta t) = \sum_{i=1}^{K} w_i \cdot T_{i,t+\Delta t}^{Exp} \tag{4-6}$$

权重分配是基于模式匹配的快速路行程时间短时预测模型的核心。区别于一般的模式匹配算法,利用所对应的真实行程时间计算得到每一个候选的权重,从而使模型更加精细,与实际情况更为符合,再根据相似的候选对应的行程时间加权求和得到最终的预测结果,保证预测准确性。

## 4.4 实例分析

本节对基于模式匹配的快速路行程时间短时预测模型进行实例分析。首先,利用网格搜索法对模型涉及的参数进行校正;然后,在保证模型预测精度和鲁棒性的前提下,对预测模型进行多角度、多场景的评价和分析;并对模型内在机理进行深入剖析:通过对提取的时空模式进行分析,透明化模型中间过程,验证模型的有效性与准确性。北京市二环快速路共计45天的浮动车数据集被划分为两部分:第一部分包含43天,用来创建历史数据库和校正参数;第二部分包含2天,包括一个工作日和一个非工作日,用来进行模型评价。

### 4.4.1 模型参数校验

模型涉及的参数包括时空模式长度($L$)、时间窗半径($R$)、匹配的候选时空模式个数($K$)和负指数参数$\lambda$。在机器学习领域,这种多参数通常被称为超参数。针对超参数的校验问题通常设计一套调节参数的算法,根据平均绝对百分比误差损失函数(MAPE)最小确定最优的参数组合:

$$\mathrm{MAPE} = \frac{1}{n}\sum_{t=1}^{n}\left|\frac{T(t) - \hat{T}(t)}{T(t)}\right| \times 100\% \tag{4-7}$$

其中,$T(t)$代表真实行程时间;$\hat{T}(t)$代表模型预测的行程时间;$n$代表观测值的个数。

然而,平均绝对百分比误差损失函数并非待校验参数的可解析方程,因此采用网格搜索法寻求最优的参数组合。网格搜索法是一种穷举搜索的方法,将待校验的参数进行排列组合,反复计算各种组合对应的损失函数,直至损失函数降至最低,得到的组合即为最优参数组合。

首先,对于模型涉及的参数,分别界定其波动范围。参数$L$表示时空模式长度,足够大可以充分表示交通状态的演化特征,又不能太大导致过多的冗余,降低计算效率和精度。根据实际需求选取$L$为10min至70min,按照10min间隔递增。参数$R$代表时间窗宽度,用以限制在历史数据库中搜索的范围,选取$R$为20min至100min,按照10min间隔递增。参数$K$和$\lambda$分别表示匹配的候选时空模式个数和负指数分布的参数,取值范围分别为25~300和0.4~8,递增间隔分别为25和0.4。四类参数的组合共有$7 \times 9 \times 12 \times 20 = 15120$种,如果利用网格搜索法遍历整个数据集,将会导致巨大的计算复杂度。因此,首先利用网格搜索法对一个工作日和一个非工作日的数据分别进行了测试,测试结果显示参数对数据集大小并不敏感,细微的参数波动不会对结果产生较大的影响,同时参数也对工作日和非工作日不敏感。这从侧面也反映了模式匹配算法本质为数据驱动算法,算法精度依赖于数据本身的质量。

为了校验模型参数的同时探究参数对模型的影响,采用控制变量法获取最优的参数组合,即每次固定其余三个参数,只校验一个参数,基于给定的两天数据集进行网格搜索,估计最优参数。以上校验过程避免了过高的计算复杂度,最优参数组合校验结果如图4-22所示。

时空模式长度($L$)是模式匹配算法中的关键参数。图4-22a)显示随着$L$的增大,损失函数MAPE逐渐减小,但当$L$超过40min后,MAPE缓慢增加,因此确定$L$的最优值为40min。为了降低模式匹配算法的复杂度,将搜索范围限制在以给定出发时刻为中心的一定范围内,这样既符合匹配出的候选相似时空模式起始时刻通常分布在给定出发时刻附近的假设,同时也能很大程度上提高搜索效率。图4-22b)显示时间窗半径$R$的最优值是60min,这意味着如果给定出发时刻是9:00,则搜索范围将会在8:00—10:00之间。此外,在模式匹配算法中匹配的候选时空模式个数($K$)对预测精度具有重要影响。图4-22c)显示当$K$增加至225之后,损失函数MAPE基本保持不变,因此参数$K$的最优值为225。图4-22d)显示在权重分配过程中,当负指数参数$\lambda$大于3.6时,模型的损失函数逐渐趋于稳定,因此参数$\lambda$的最优值取3.6。

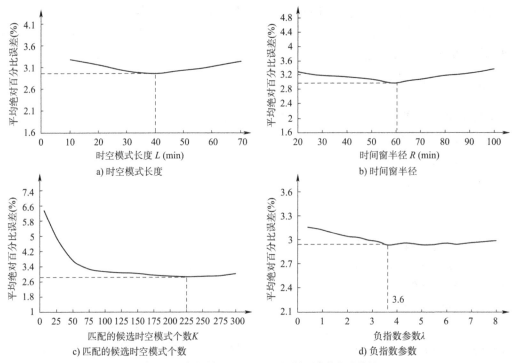

图 4-22 快速路行程时间短时预测模型参数校验结果

## 4.4.2 预测过程分析

模式匹配算法本质上是一种数据驱动算法。多数情况下数据驱动算法的有效性难以客观解释,也鲜见探讨其内在机理,因此这类算法常常被诟病为"黑箱"。本小节通过透明化预测过程中的细节和对匹配的候选时空模式进行定量分析,揭示算法内在机理,解析预测模型的有效性。

以 2015 年 1 月 6 日为例,选取早 7:00—7:40 作为待匹配的时空模式,在历史数据库中搜寻相似的时空模式,将匹配的 225 个最相似的时空模式按照相似性指标从小到大排序。筛选出的候选 1、候选 2、候选 75、候选 150、候选 200、候选 225 和给定的时空模式预测目标如图 4-23 所示,可见候选 1 与预测目标最相似,候选 2 与预测目标的相似性次之,依此类推,这样直观验证了所选取的相似性度量指标的有效性,也揭示了模式匹配算法的有效性。

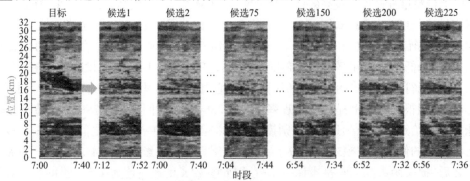

图 4-23 匹配的候选时空模式示例

图 4-24 揭示了 225 个候选时空模式在历史数据中的分布,可见所有匹配的时空模式均

与给定的时空模式一致,均匀分布在各个工作日,除了1月4日(周日,因为元旦调休致使这天的交通状态与工作日一致)。同时,需要注意的是225个候选时空模式全部分布在早6:52—7:52时段,与给定的出发时刻早7:00接近,证明了时间窗限制的有效性,也从侧面证明了交通状态具有常发性的基本假设。

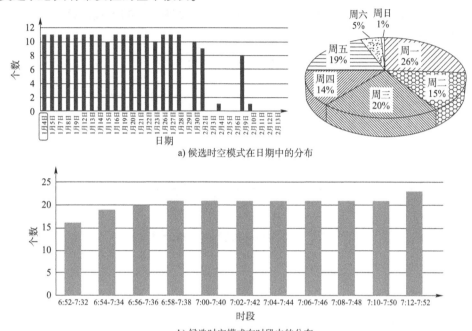

图4-24 匹配的候选时空模式分布

行程时间的预测值由匹配的候选时空模式对应的真实行程时间加权求和得到。图4-25展示了225个候选对应的权重和真实行程时间,其中浅色线和深色线分别表示行程时间真实值和预测值,黑色点和灰色点分别表示真实行程时间值和对应的权重,预测结果显示模型预测效果较好。由图4-25可见每个候选时空模式对应的真实行程时间均围绕真实值(浅色线)上下波动,权重分布的整体趋势随着相似性递减逐渐趋于0。图4-26展示了行程时间预测值和对应权重的累计曲线图,可见绝大部分预测值均分布在60min至80min区间,在真实值附近波动。绝大部分候选的权重为0,避免了异常值的影响,也验证了权重分配的合理性。

另外,值得注意的是权重大小并非与相似性成严格反比关系,以候选1、候选2和候选200为例。候选1与预测目标最相似,但权重较小;候选2虽然与预测目标相似,但对应的行程时间与真实值差别较大,对应的权重依然较大;候选200与预测目标不太相似,权重已趋于0,但其对应的行程时间与真实值较为接近。一般而言,交通状态具有常发性,之所以会出现以上情况是因为交通事故、交通管制等原因致使交通状态发生了突变。预测模型只有在给定出发时刻之前和之后的交通状态均相似的情况下才会赋予候选较大的权重,保证了模型的鲁棒性和准确性。

为了进一步验证模型的有效性并揭示权重分配的机理,分析候选1、候选2和候选200的后续交通状态演化及对应起始时刻的行程时间,如图4-27所示。候选1给定出发时刻之后的交通状态与预测目标不太相似,即使出发时刻之前它与预测目标的交通状态最为相似,仍被赋予较小的权重。候选2与预测目标给定出发时刻之前和之后的交通状态均相似,因此被赋予较大的权重。对于候选200,即使它对应的行程时间与真实值接近,赋的权重约为0,因其与预测目标给定出发时刻之前和之后的交通状态均不相似。综上可见,只有交通状态与待预测目标给定出发时刻之前和之后的交通状态均相似的候选才会被赋予较大的权重,有利于综合考虑动态时变的交通流特征,排除异常交通状态的干扰,从而保证预测结果的鲁棒性和准确性。

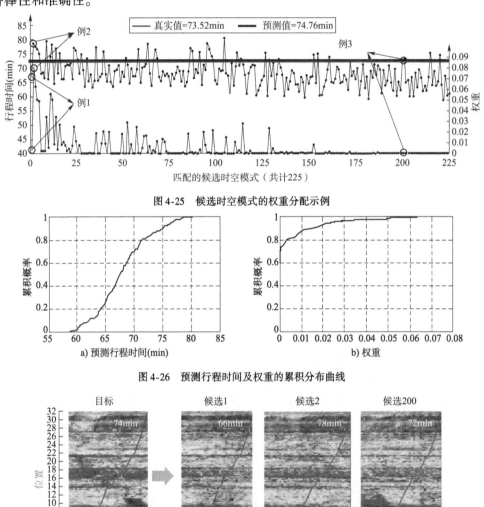

图 4-25 候选时空模式的权重分配示例

图 4-26 预测行程时间及权重的累积分布曲线

图 4-27 匹配的候选时空模式交通状态演化

### 4.4.3 预测结果分析

1) 不同预测模型对比分析

为了综合评价提出模型的预测效果,选取三种典型的预测模型进行对比分析,包括瞬时行程时间计算、历史平均（Historical Average）和 K 近邻（Naïve-KNN）。其中，真实行程时间是对真实值的准确估计，作为参考标准。瞬时行程时间作为常见的也最简单的预测方法，假定出发时刻每个时空网格内的速度保持不变，通过累加求和各方格内的行程时间预测未来的行程时间，但该方法忽略了交通状态在时空范围的动态演化。历史平均是在对应的历史数据库中计算任意给定出发时刻的行程时间的平均值，能够在一定程度上反映给定时段的平均交通状况。K 近邻是一种经典的模式匹配算法，在实验中利用灰度共生矩阵提取时空交通特征，利用标准平方差度量相似性指标，但只采取简单的加权平均分配权重。

选择 2 天（一个工作日和一个非工作日）的数据评价四种模型的预测效果，结果如图 4-28 所示。与其他模型相比，提出的模型在所有时段均取得了最好的预测结果。对于历史平均，其预测结果是基于历史的均值，尽管能在一定程度上反映历史大致的变化趋势，但不具有灵活性，无法应对复杂多变的交通状态。对于 K 近邻，只对匹配的候选时空模式简单加权平均，并未考虑实际复杂交通情况，无法达到理想的预测效果，且预测结果存在一定的滞后性，尤其在早晚高峰效果较差。对于瞬时行程时间法，尽管其计算简单，在数据更新频率较快的情形下具有较好的预测精度，但其忽略了交通状态的动态演化，特别是在拥堵演变时段常低估行程时间，而在拥堵消散时段高估行程时间，预测结果具有严重的滞后性，造成较大的预测误差。

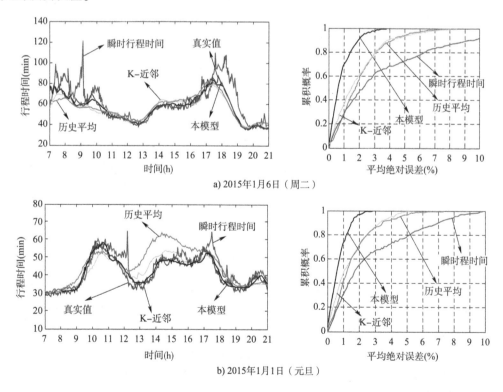

图 4-28 不同模型预测结果分析对比

图 4-28a）展示了一个典型工作日的快速路行程时间短时预测结果。可见在早晚高峰时

段交通拥堵严重,高峰时段的行程时间(80min)是平峰时段行程时间(40min)的2倍,而所提出模型的预测值紧随真实的行程时间,但在高峰时段,预测值与真实值仍然存在一定偏离,造成这种现象的原因是历史数据量有限,匹配的候选时空模式并不能有效覆盖所有可能的交通场景。图4-28b)展示了一个典型的非工作日(元旦假期)的预测效果。与工作日相比,早高峰开始和持续时间推迟至上午10:00—12:00,而晚高峰的起始和结束时间提前至下午15:00—17:00。

为了进一步探究模型的有效性,图4-29分时段细化展示了预测结果。早晚高峰时段分别为7:00—10:00和16:00—19:00,平峰时段为10:00—16:00。预测精度的量化评价采用平均绝对误差(MAE)和平均绝对百分比误差(MAPE),分别计算如下:

$$\text{MAE} = \frac{1}{n}\sum_{t=1}^{n}|T(t) - \hat{T}(t)| \tag{4-8}$$

$$\text{MAPE} = \frac{100\%}{n}\sum_{t=1}^{n}\left|\frac{T(t) - \hat{T}(t)}{T(t)}\right| \tag{4-9}$$

其中,$T(t)$表示行程时间真实值;$\hat{T}(t)$表示模型预测值;$n$代表观测值的个数。

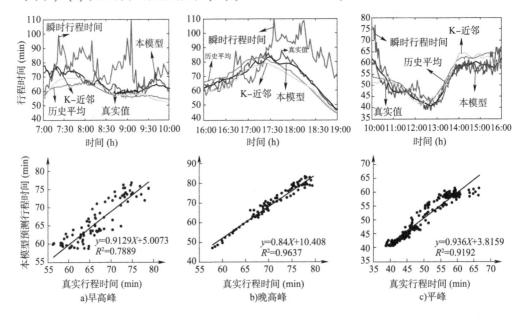

图4-29 不同时段预测结果对比

表4-3给出了不同预测模型的量化评价指标。可见所提出模型的预测误差最低,效果最好,MAE和MAPE分别小于3min和4%。历史平均预测效果最差,瞬时行程时间和K近邻次之。总体而言,工作日预测误差小于非工作日,平峰时段的预测误差小于高峰时段,需要注意的是在元旦这一天,平峰时段的预测误差大于工作日,可能的原因是元旦这天的交通状态不同于其他日期,在数据库中难以有效匹配历史时空模式。由此可见,虽然同为非工作日,但在节假日和普通周末,人们的出行方式存在一定的差异性。如果扩大历史数据库所涵盖的交通特征,可预见由此造成的误差将会降低,预测结果也将更加准确。

# 第4章 基于网格化浮动车数据的快速路行程时间短时预测

**不同模型预测结果对比** 表4-3

| 日期 | 时段 | 指标 | 本模型 | 历史平均 | 瞬时行程时间 | K近邻 |
|---|---|---|---|---|---|---|
| 2015年1月6日(星期二) | 高峰 | MAE(min) | 2.16 | 5.53 | 12.23 | 5.36 |
| | | MAPE(%) | 3.12 | 7.95 | 18.69 | 7.56 |
| | 平峰 | MAE(min) | 1.54 | 3.19 | 3.28 | 3.21 |
| | | MAPE(%) | 2.93 | 6.22 | 6.41 | 6.05 |
| 2015年1月1日(元旦) | 高峰 | MAE(min) | 1.51 | 4.44 | 3.97 | 2.88 |
| | | MAPE(%) | 3.09 | 9.54 | 8.45 | 5.82 |
| | 平峰 | MAE(min) | 1.88 | 7.98 | 3.26 | 3.81 |
| | | MAPE(%) | 5.12 | 20.64 | 8.85 | 10.08 |

2) 多场景下预测结果分析

为了验证各预测模型的鲁棒性,将预测的时间跨度增大,即将短时预测扩展为长时预测。准确的长时预测在实际中具有重要意义,可为出行者规划出行时间和出行方式提供参考。因此,将预测时间范围从未来2min拓展至未来60min。图4-30和表4-4展示了不同方法多步预测的结果。可见,随着预测时间范围的增大,预测精度逐渐降低。但是,与其他三种模型相比,所提出的模型均取得了最好的预测精度。即使将预测范围扩大至60min,MAE和MAPE的误差仍然分别有效控制在5min和7%以内,验证了模型的预测精度,同时也验证了数据驱动模型本身的有效性。

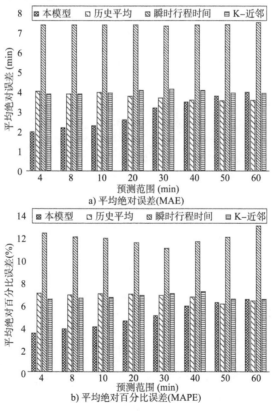

图4-30 多步预测结果分析

不同模型多步预测结果对比  表4-4

| 方法 | 指标 | 预测范围(min) | | | | | | | |
|---|---|---|---|---|---|---|---|---|---|
| | | 4 | 8 | 10 | 20 | 30 | 40 | 50 | 60 |
| 本模型 | MAE(min) | 2.01 | 2.29 | 2.41 | 2.74 | 3.21 | 3.54 | 3.78 | 4.06 |
| | MAPE(%) | 3.41 | 3.86 | 4.06 | 4.67 | 5.48 | 6.11 | 6.51 | 6.97 |
| 历史平均 | MAE(min) | 4.05 | 4.01 | 3.99 | 3.88 | 3.79 | 3.64 | 3.55 | 3.53 |
| | MAPE(%) | 6.97 | 6.94 | 6.93 | 6.81 | 6.65 | 6.44 | 6.31 | 6.24 |
| 瞬时行程时间 | MAE(min) | 7.36 | 7.31 | 7.32 | 7.31 | 7.15 | 7.29 | 7.51 | 7.67 |
| | MAPE(%) | 12.47 | 12.23 | 12.15 | 11.83 | 11.45 | 11.66 | 12.24 | 12.98 |
| K近邻 | MAE(min) | 3.91 | 3.95 | 3.98 | 4.03 | 4.09 | 4.08 | 4.02 | 4.04 |
| | MAPE(%) | 6.46 | 6.57 | 6.63 | 6.73 | 6.88 | 6.95 | 6.89 | 6.93 |

对于数据驱动模型,数据集的质量很大程度上决定了预测精度的上限。为了进一步探究所提出模型的鲁棒性,改变数据集的时间粒度对模型进行测试。一般而言,数据集的时间粒度越精细,越能真实反映实际的交通状态,预测结果也就越准确。上述分析中速度时空网格数据的粒度为每100m和每2min一个速度值,为了测试模型的鲁棒性,将速度网格数据的时间粒度降低为每4min、6min、8min和10min。图4-31和表4-5展示了不同数据粒度下模型的预测结果,可见随着数据粒度的降低,模型的预测精度逐渐下降。但是,即便在10min的数据粒度下,所提出模型的预测精度仍优于其他三类模型,MAE和MAPE分别控制在3min和5%以内。

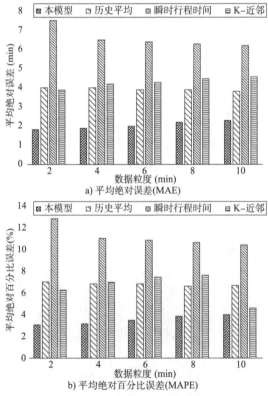

图4-31 不同数据粒度下各模型预测结果对比

## 第4章 基于网格化浮动车数据的快速路行程时间短时预测

不同数据粒度下模型预测结果对比  表4-5

| 数据粒度(min) | 评价指标 | 本模型 | 历史平均 | 瞬时行程时间 | K近邻 |
|---|---|---|---|---|---|
| 2 | MAE(min) | 1.70 | 4.10 | 7.41 | 3.85 |
|  | MAPE(%) | 2.89 | 7.02 | 12.73 | 6.33 |
| 4 | MAE(min) | 1.77 | 4.12 | 6.51 | 4.31 |
|  | MAPE(%) | 3.01 | 6.85 | 11.01 | 7.06 |
| 6 | MAE(min) | 2.07 | 4.11 | 6.44 | 4.49 |
|  | MAPE(%) | 3.47 | 6.85 | 10.91 | 7.42 |
| 8 | MAE(min) | 2.23 | 4.01 | 6.33 | 4.61 |
|  | MAPE(%) | 3.81 | 6.63 | 10.79 | 7.64 |
| 10 | MAE(min) | 2.45 | 3.98 | 6.21 | 4.78 |
|  | MAPE(%) | 4.25 | 6.77 | 10.63 | 8.04 |

图4-32和表4-6展示了不同数据粒度下的多步预测结果。例如,对于精度为4min和6min的数据集,2步预测对应的预测范围分别是$2 \times 4 = 8$min和$2 \times 6 = 12$min。由预测结果可见本模型即使在数据粒度较低和预测范围较大的情况下,仍能取得理想的预测精度,有效验证了模型的准确性和鲁棒性。

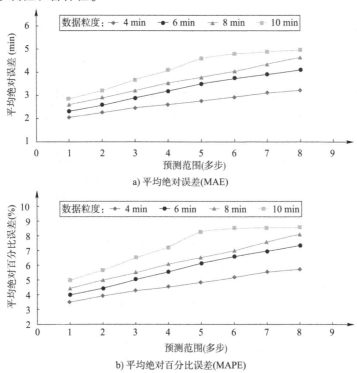

a) 平均绝对误差(MAE)

b) 平均绝对百分比误差(MAPE)

图4-32 不同数据粒度下模型多步预测结果对比

不同数据粒度下模型多步预测结果对比　　　　表4-6

| 数据粒度 (min) | 评价指标 | 预测范围(多步) | | | | | | | |
|---|---|---|---|---|---|---|---|---|---|
| | | 1 | 2 | 3 | 4 | 5 | 6 | 7 | 8 |
| 4 | MAE(min) | 2.06 | 2.28 | 2.48 | 2.61 | 2.77 | 2.95 | 3.12 | 3.23 |
| | MAPE(%) | 3.51 | 3.91 | 4.27 | 4.53 | 4.84 | 5.18 | 5.55 | 5.72 |
| 6 | MAE(min) | 2.34 | 2.59 | 2.89 | 3.19 | 3.51 | 3.74 | 3.91 | 4.11 |
| | MAPE(%) | 3.98 | 4.45 | 5.02 | 5.57 | 6.15 | 6.61 | 6.94 | 7.34 |
| 8 | MAE(min) | 2.62 | 2.91 | 3.21 | 3.54 | 3.78 | 4.04 | 4.34 | 4.63 |
| | MAPE(%) | 4.46 | 4.98 | 5.49 | 6.08 | 6.54 | 7.01 | 7.58 | 8.15 |
| 10 | MAE(min) | 2.87 | 3.21 | 3.68 | 4.08 | 4.58 | 4.78 | 4.88 | 4.96 |
| | MAPE(%) | 5.01 | 5.67 | 6.51 | 7.26 | 8.29 | 8.52 | 8.56 | 8.61 |

## 参 考 文 献

[1] He Z, Zheng B, Chen P, et al. Mapping to cells: a simple method to extract traffic dynamics from probe vehicle data[J]. Computer-Aided Civil and Infrastructure Engineering, 2017, 32(3): 252-267.

[2] Treiber M, Kesting A. Traffic flow dynamics: data, models and simulation[J]. Physics Today, 2014, 67(3): 54.

[3] Chen H, Rakha H, Sadek S, et al. Particle filter approach for real-time freeway traffic state prediction[C]. Transportation Research Board Annual Meeting, 2012.

[4] Nixon M, Aguado A. Feature extraction and image processing for computer vision. Academic press[M], 2019.

[5] Theodoridis S, Koutroumbas K. Pattern recognition[M]. Elsevier, 2006.

[6] Mori U, Mendiburu A, Álvarez M, et al. A review of travel time estimation and forecasting for advanced traveller information systems[J]. Transportmetrica A: Transport Science, 2015, 11(2): 119-157.

[7] Kasai M, Warita H. Refinement of pattern-matching method for travel time prediction[J]. Journal of Intelligent Transportation Systems, 2015, 13(2): 84-94.

[8] Kasai M, Uchiyama H. A study on estimation of probabilistic changing travel time based on bayesian statistics[C]. Proceedings of the 12th World Conference on Transport Research (WCTRs), 2010.

# 第5章  基于可变权重混合分布的干道行程时间估计

城市干道车流的行程时间受信号控制影响较大,其交通状态相较连续流呈现出高度的动态、随机、复杂性[1]。目前大多数关于城市干道行程时间可靠性的研究倾向于利用统计模型获得其分布形式,并未从本质上考虑信号控制的内在影响,模型有效性仍有待提高。

为细化考虑信号控制对行程时间分布规律的影响,本章采用可变权重系数的混合分布模型,分别对干道长短两个路段的行程时间分布进行拟合,将混合分布模型每个组分的均值及分布系数建模为交叉路口信号配时、交通流参数等的函数,并对拟合的结果进行对比分析。基于可变权重混合分布的干道行程时间估计方法,相比以往单一分布函数及固定权重混合分布函数,克服了移植性、适应性差等缺点。根据实测干道行程时间分布的多峰、多模式变化特征,建立信号控制参数、交通流量等与各组分行程时间分布权重的直接联系,从本质上解析干道行程时间分布与信号控制下间断交通流的内在关联,进而对干道行程时间分布实现更加准确的估计与可靠性评价。

## 5.1  可变权重混合分布模型构建方法

固定系数混合分布模型在一般情况下可以简单刻画行程时间分布特征,但当交通流运行状态复杂,特别是城市信号控制干道交通环境,固定系数模型无法有效解释不同组分中变量特征,限制了混合分布模型的应用。因此,构建一个可变权重系数混合模型,将混合分布的混合系数以及每个组分的均值建模为交叉路口信号配时、流量等参数的函数,深入分析行程时间分布的内在特征。

可变权重混合分布模型的构建主要包括以下步骤:

(1)筛选混合分布最优组分数目 $K$。根据预处理后的干道行程时间数据,首先采用固定权重的高斯混合分布函数,筛选具有不同特征的高斯分布数目,即各停车延误对应的单一分布个数 $K$。

具有 $K$ 个组分的固定权重混合分布模型形式为[2]:

$$f(y) = \sum_{k=1}^{k} \pi_k f_k(y) \tag{5-1}$$

其中,$f(y)$ 为行程时间分布密度函数;$\pi_k = (\pi_1, \pi_2, \cdots, \pi_k)$ 为各组分对应的权重向量,$\sum_{k=1}^{k} \pi_k = 1$;$f_k(y)$ 为第 $k$ 个组分的密度分布函数,根据实际情况可选择高斯分布、对数正态分布、伽马分布、威布尔分布等函数形式。

使用极大似然估计对混合分布模型进行拟合:

$$L = \prod_{i=1}^{N} f(T_i|y) = \prod_{i=1}^{N} \prod_{k=1}^{K} \pi_k f(T_i|y) \tag{5-2}$$

其中,$T_i$ 为第 $i$ 个行程时间观测值,为了提升计算效率,采用最大期望算法(Expectation Maximization Algorithm,EM算法)对各参数进行估计,并根据AIC准则筛选最优组分数目 $K$。

(2)构建混合分布权重系数 Logistic 函数。构建 $K$ 个组分对应的系数向量 $\pi_k = (\pi_1, \pi_2, \cdots, \pi_k)$ 为解释变量 $z_0$ 的多元 Logistic 模型:

$$\lg\left(\frac{\pi_k}{\pi_1}\right) = \alpha_k^T z_0 \tag{5-3}$$

$$\pi_k = \frac{\exp(\alpha_k^T z_0)}{\sum_{k=1}^{K} \alpha_k^T z_0} \tag{5-4}$$

其中,$z_0$ 为干道直行流量、信号配时参数等;$\alpha_k$ 为待估计参数。

(3)构建可变权重混合分布模型。第 $k$ 个组分的密度分布函数 $f_k(y)$ 依赖于分布的参数 $\theta_k$ 及其解释变量 $x_k$:

$$f_k(y_i) = f_k(y_i | \theta_k, x_k) \tag{5-5}$$

假设参数 $\theta_k$ 及其解释变量 $x_k$ 为线性函数关系:

$$\theta_k = \gamma_{0k} + \gamma_k^T \cdot x_k \tag{5-6}$$

其中,$\gamma_{0k}$ 与 $\gamma_k$ 为待估计常数,实际中解释变量 $x_k$ 的选取依赖于干道直行流量与交叉路口红灯时长的相关关系;

综上,可变权重混合分布模型可表示为:

$$f(y_i) = \sum_{k=1}^{K} \pi_{ik} f_k(y_i | \theta_k, x_k) \tag{5-7}$$

(4)估计混合分布模型未知参数。采用最大期望算法对可变权重混合分布模型中的未知参数进行估计,该算法是一种迭代算法[3],用于含有隐变量(Latent Variable)的概率参数模型的最大似然估计或极大后验概率估计,即在模型包含隐变量时,将隐变量的分布设定为一个以观测变量为前提条件的后验分布,使得参数的似然函数与其下界相等,通过极大化下界进行似然函数极大化,避免直接极大化似然函数过程中因为隐变量未知而带来的困难,然后分为 E、M 两步不断交替计算,直至收敛。

E 步选择合适的隐变量分布(一个以观测变量为前提条件的后验分布),使得参数的似然函数与其下界相等;M 步极大化似然函数的下界,拟合参数。在每次迭代时,E 步骤从先前迭代中找到给出参数估计的对数似然函数的条件期望,然后 M 步骤最大化在 E 步骤中的条件期望获取当前参数估计。而当混合分布系数由多元 Logistic 模型建模时,M 步骤将包括额外的通过解释变量拟合多元 Logistic 模型的过程[4]。

## 5.2 研究数据说明

研究场景为上海市普陀区长寿路干道"长安路—胶州路"路段,共包含 6 个交叉路口:长寿路—昌化路交叉路口、长寿路—江宁路交叉路口、长寿路—陕西北路交叉路口、长寿路—西康路交叉路口、长寿路—常德路交叉路口、长寿路—胶州路交叉路口。长寿路是上海市城市路网中的一条重要干道,其道路几何特征为设置有 6 快 2 慢 8 条车道,机动车限速为 40km/h。

研究路段设有三个车辆自动识别系统(Automatic Vehicle Identification, AVI)采集点,分别位于长寿路—长安路、长寿路—陕西北路以及长寿路—胶州路三个交叉路口,AVI 摄像机安装在交叉路口的下游,记录车辆通过交叉路口的时刻、车牌号、颜色等信息。通过 AVI 检测数据匹配上游和下游交叉路口检测车辆的车牌号,计算时间差即可得到该车辆通过该路

## 第5章 基于可变权重混合分布的干道行程时间估计

段的行程时间。但由于环境因素或某些车辆车速的影响，并不能保证所有通过车辆均被记录。经统计，该路段车辆的平均捕获率为66%，上游到下游交叉路口检测车辆的平均匹配率分别为19%（长安路到陕西北路），18%（陕西北路到胶州路），15%（长安路到胶州路）。

该路段采取干道协调控制方式，连续6个交叉路口均安装了悉尼自适应交通控制系统(Sydney Coordinated Adaptive Traffic System, SCATS)。其检测器安装在每条车道的停车线处，提供每个周期的流量数据以及信号配时数据。在 SCATS 控制系统中，由于全天范围内会出现低峰、平峰、高峰等多种不同的交通状况，协调控制方案根据交通需求随时间变化，如周期时长从70s变化至200s不等，红绿灯时长也会随之变化。

对长寿路2008年8月29日AVI车辆自动识别系统采集的车牌自动识别数据和SCATS系统检测到的交叉路口配时、流量等相关数据进行统计分析。除去数据缺失、误差偏大的2个交叉路口，其余4个交叉路口的基础数据见图5-1所示。

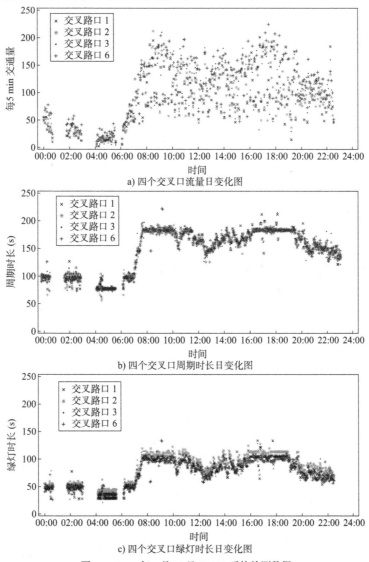

a) 四个交叉口流量日变化图

b) 四个交叉口周期时长日变化图

c) 四个交叉口绿灯时长日变化图

图5-1　2008年8月29日SCATS系统检测数据

为了对比分析通过干道多交叉路口车辆的行程时间分布特征,将研究路段细划分为长和短两个场景,具体描述如下:

短路段场景:长安路—陕西北路,长 0.9km,包含 3 个连续交叉路口,分别为长寿路—昌化路、长寿路—江宁路以及长寿路—陕西北路交叉路口。

长路段场景:长安路—胶州路,长 1.8km,包含 6 个连续交叉路口,分别为长寿路—昌化路、长寿路—江宁路、长寿路—陕西北路、长寿路—西康路、长寿路—常德路、长寿路—胶州路交叉路口。

由图 5-1 可见,研究路段交叉路口受 SCATS 系统干道协调控制影响,信号配时具有相似变化趋势,包括周期时长、绿灯时长等信号控制参数;由于不同交叉路口直行车道数量不同,且左、右转车辆受到不同道路环境的影响,例如周围街道设施等因素,导致 4 个交叉路口的流量变化存在差异,但总体而言,流量整体变化趋势较为相似。

## 5.3 基于可变权重混合分布的干道行程时间模型构建

可变权重混合分布模型相比于固定系数混合分布模型,其构建核心是将交叉路口信号配时及干道直行流量等可变参数建模至混合分布模型的混合分布系数及每个组分的密度函数中。当路段长度不同,交叉路口数目不同时,其受信号控制、拥堵、非常规停车的影响不同,对于可变权重混合分布模型的构建也存在差异。因此,对长短路段两种场景分别进行可变权重混合分布模型构建,具体而言,根据交叉路口信号配时、流量等数据属性构建具有不同组分的混合模型,并进行拟合优度测试,验证模型的合理性。以下将详细介绍可变权重混合分布模型的构建过程。

### 5.3.1 组分数目筛选

首先采用固定系数的混合分布模型对两个路段不同组分数目的行程时间混合分布拟合效果进行测试,并比较不同组分数目的 AIC(Akaike Information Criterion)值。AIC 准则作为统计模型拟合度的测量方法,对模型的选择具有重要参考价值,AIC 值越小说明拟合效果越好[5]。为了确保实现全局最优,使用随机初始值重复实验,对 2 至 7 个组分数目的混合分布模型分别进行拟合,并计算相应的 AIC 值,结果见表 5-1。

**不同组分的 AIC 值** 表 5-1

| 组分数目 | AIC 值 | |
| --- | --- | --- |
| | 短路段 | 长路段 |
| 2 | 50801.47 | 29066.81 |
| 3 | 50512.75 | 28967.67 |
| 4 | 50503.51 | 28954.49 |
| 5 | 50421.57 | 28957.58 |
| 6 | 50422.01 | 28962.64 |
| 7 | 50428.73 | 28970.11 |

由表5-1可见,对于短路段而言,包含5个组分的混合分布模型对应的AIC值最小;对于长路段,包含4个组分的混合分布模型对应的AIC值最小。然而,这并不能表明5组分和4组分别为长短两个路段可变权重混合分布建模的最佳组分数目。以下将对某些组分的分布类型进行调整,并添加信号配时等参数,复杂度的增加使得模型具有灵活性的同时提高了预测准确性[6]。综合对比发现,包含5个组分的混合分布模型AIC均相对较小,具有一定的代表性,如果将信号配时等可变系数建模至混合分布模型中,5个组分的混合分布模型能够显著降低AIC值,所以选取K=5作为混合分布组分数目,在降低模型复杂性的同时提高预测的准确性。

### 5.3.2 模型构建参数的确定

为了进一步完善可变权重混合分布模型,选取多种包含5个组分的混合分布模型形式,除了正态分布,偏态分布(对数正态分布)也用来进行对比,结合长短路径的不同特征,匹配不同的模型参数,最终分别得到对于干道长短路段最为合适的可变权重混合分布模型的建模参数。

1)不同的模型形式

模型1:所有组分均为正态分布,且组分均值和混合系数均采用固定系数进行建模。

模型2:所有组分均为正态分布,组分均值采用固定系数进行建模,但混合系数采用变系数进行建模。

模型3:4个组分为正态分布,1个组分为对数正态分布,其余设置同上。

模型4:3个组分为正态分布,2个组分为对数正态分布,其余设置同上。

模型5:所有组分均为正态分布,组分均值和混合系数均采用变系数进行建模。

模型6:所有组分均为对数正态分布,组分均值和混合系数均采用变系数进行建模。

2)短路段模型参数的确定

对于仅包括三个交叉路口的短路段,其行程时间受信号控制的影响较为明显,且每个交叉路口之间信号配时参数差异较小,流量变化趋势也具有较高的相似性。考虑到第二个交叉路口位于短路段的中间位置,对于车辆通过下游交叉路口AVI检测器的行程时间影响最大,最能表征整条短路段的信号控制、交通流量等,因此选用第二个交叉路口的信号配时和流量数据为混合分布系数建模的解释变量。

(1)混合比例模型构建。

在拥堵情况下车辆可能会在某个交叉路口某周期的绿灯时长内无法通过,因此每辆车在一个交叉路口有可能会经历两个周期才能通行。由图5-1可见,周期时长及绿灯时长随时间分布并不离散,相邻两个周期的信号配时数据较为相似,因此仅将行程时间数据与车辆通过第三个交叉路口AVI检测器时对应交叉路口2的上一周期的直行流量、绿灯时长、红灯时长、周期时长四个参数进行匹配。混合分布系数采用线性函数关系进行建模,参数之间不应具有较强的相关性。因此,对四个参数之间的相关性进行分析[7],结果如图5-2所示。

由图5-2可见,红灯时长、周期时长和直行流量均与绿灯时长之间存在较强相关性,因此式(5-3)转换为:

$$\lg\left(\frac{\pi_{ik}}{\pi_{il}}\right) = \alpha_{0,k} + \alpha_{1,k} z_{1,i} \tag{5-8}$$

其中,$i$ 代表第 $i$ 个样本;$z_{1,i}$ 代表绿灯时长;$\alpha_{0,k}$ 和 $\alpha_{1,k}$ 为待估计参数。

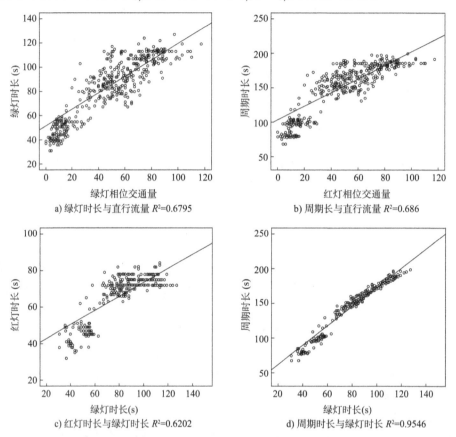

图 5-2 建模参数之间相关性分析

(2) 组分均值模型构建。

根据不同的模型形式,由于包含正态分布以及对数正态分布两个部分,组分均值的模型并不相同。当组分为 5 个正态分布时:

$$f(y_i) = \sum_{k=1}^{5} \pi_{1k} f(y_i | \mu_k, \sigma_k, z_{2,i}) \tag{5-9}$$

其中,$f_k(y_i | \mu_k, \sigma_k, z_{2,i})$ 即为正态分布 $N(\mu_k, \sigma_k)$ 的形式,且

$$\mu_k = \beta_{0k} + \beta_{1k} \cdot z_{2,i} \tag{5-10}$$

当组分中包含对数正态分布时,即将相应组分的密度函数 $f_k(y_i | \mu_k, \sigma_k, z_{2,i})$ 表示为对数正态分布的形式:$p(x) = \frac{1}{\sqrt{2\pi} x \sigma_k} e^{-\frac{(\ln x - \mu_k)^2}{2\sigma_k^2}}$,且

$$\lg \mu_k = \beta_{0k} + \beta_{1k} \cdot z_{2,i} \tag{5-11}$$

其中,$z_{2,i}$ 为红灯时长,短路段的行程时间分布受信号控制影响较大,在非拥堵状况下,两个组分的均值近似相差一个红灯时长。因此,对于短路段,选取红灯时长作为组分均值的建模解释变量,可以较好地捕获每个组分均值的动态变化。

3) 长路段模型参数的确定

相比短路段而言,长路段包含了6个交叉路口,其建模过程应尽可能充分考虑整条干道每个交叉路口的影响,因此仅采用类似短路段的单个交叉路口的数据进行建模并不适合。选取8月29日的数据分析可知,车辆在长路段行驶的平均行程时间为338s,而对应的6个交叉路口的平均周期长为164s,车辆在长1.8km的路段行驶时平均会经历2个周期,因此利用车辆通过交叉路口6的AVI检测器的时刻进行反推,在上一个周期车辆应处于交叉路口3,而在上上个周期,车辆处于交叉路口1,因此选取车辆通过交叉路口6的时刻对应第3个交叉路口的上个周期的相关数据,以及车辆通过交叉路口6的时刻对应第1个交叉路口的上上周期的相关数据与长路段的行程时间进行匹配,既简化了模型的复杂性,又能够保证模型构建的准确性。

(1) 混合比例模型构建。

交叉路口信号控制对长路段的行程时间分布影响并不显著,因此区别于短路段,绿灯时长并不适合长路段混合比例模型的构建,而干道直行流量作为连接上下游两个交叉路口的直接参数,贯穿于整个长路段,相较绿灯时长更适用于长路段的混合比例模型构建。选取交叉路口1上上周期的直行流量和交叉路口3上周期的直行流量的均值作为长路段混合比例的建模参数:

$$\lg\left(\frac{\pi_{ik}}{\pi_{i1}}\right) = \alpha_{2,k} + \alpha_{3,k} z_{3,i} \tag{5-12}$$

其中,$i$代表第$i$个样本,$z_{3,i}$代表两个交叉路口直行流量的均值,$\alpha_{2,k}$和$\alpha_{3,k}$为待估计参数。

(2) 组分均值模型构建。

同样,对于组分均值的建模,两个组分均值并不相差一个红灯时长,且由于车辆大概率不会在6个交叉路口均受到同一种信号控制灯色的影响,即车辆在有的交叉路口直接绿灯期间通过,有的需要停车等待红灯,仅选取红灯时长或绿灯时长作为长路段组分均值模型的参数并不合适。数据分析显示,车辆在1.8km长的路段行驶时平均会经历2个周期,周期时长在每个交叉路口均会对车辆的行程时间产生一定的影响。因此,对长路段而言,周期时长更具代表性,与长路段行程时间的分布关联更为紧密。选取交叉路口1上上周期的周期时长和交叉路口3上周期的周期时长的均值作为长路段组分均值的建模参数:

$$\mu_k = \beta_{2k} + \beta_{3k} \cdot z_{4,i} \tag{5-13}$$

$$\lg \mu_k = \beta_{2k} + \beta_{3k} \cdot z_{4,i} \tag{5-14}$$

其中,$z_{4,i}$代表两个交叉路口周期时长的均值;$\beta_{2k}$,$\beta_{3k}$为待估计参数。

综上,长短两个路段的可变权重混合分布模型的建模参数选择见表5-2。

**模型参数的选择** 表5-2

| 路段类型 | 建模内容 | |
|---|---|---|
| | 混合比例 | 组分均值 |
| 短路段 | 绿灯时长 | 红灯时长 |
| 长路段 | 直行流量的均值 | 周期时长的均值 |

### 5.3.3 模型形式的确定

为了确定最佳的模型形式,选择 8 月 29 日干道行程时间、信号配时、检测器流量等相关数据对以上提出的 6 种模型分别进行测试,并利用 AIC 准则进行筛选,结果见表 5-3。

**不同模型的 AIC 值**　　　　　　　　　　　　　　　　表 5-3

| 模　型 | AIC 值 | |
|---|---|---|
| | 短路段 | 长路段 |
| 1 | 50482.06 | 28960.41 |
| 2 | 49963.37 | 28552.60 |
| 3 | 49962.48 | 28534.50 |
| 4 | 49930.12 | 28547.39 |
| 5 | 49824.46 | 28459.57 |
| 6 | 49752.41 | 28432.06 |

由表 5-3 可见,无论对于长路段还是短路段,模型 6 的 AIC 值最低,对比模型 1、2、5 的形式及其对应的 AIC 值可见,上述混合比例和组分均值回归模型的构建提高了模型拟合精度,也验证了在进行组分数目筛选时的分析结果。结合模型 2、3、4、6 的形式及其对应的 AIC 值不难发现,随着对数正态分布个数的增加,模型的拟合性能也得以改善。然而,由于参数估计采用 EM 算法,两种不同形式分布的混合可能会导致不稳定的结果,即估计程序必须进行多次重复才能获得参数的最佳估计值。如果所有的组分采用相同的分布形式,计算结果将更稳定,如模型 5 和 6 所示。

最终确定模型 6 为最佳的模型形式,即长短两个路段的模型形式为:二者均采用 5 个组分的对数正态分布,组分均值和混合比例均采用变系数进行建模,但短路段的混合比例和组分均值采用交叉路口 2 的绿灯时长和红灯时长作为参数进行可变权重混合分布模型的构建;长路段的混合比例和组分均值采用交叉路口 1 和 3 的直行流量均值和周期时长均值作为参数进行可变权重混合分布模型的构建。

### 5.3.4 未知参数估计

利用确定的最优模型,采用最大期望算法对模型中的未知参数进行估计,结果见表 5-4、表 5-5。

**混合比例中参数估计结果**　　　　　　　　　　　　　　表 5-4

| 对应组分 | 短路段参数估计值 | | 长路段参数估计值 | |
|---|---|---|---|---|
| | $\alpha_{0,k}$ | $\alpha_{1,k}$ | $\alpha_{2,k}$ | $\alpha_{3,k}$ |
| $\pi_1$ | 0 | 0 | 0 | 0 |
| $\pi_2$ | 1.2148 | −0.0079 | −0.5777 | 0.0292 |
| $\pi_3$ | −9.4612 | 0.0872 | 3.05984 | −0.0106 |
| $\pi_4$ | −1.1601 | 0.0086 | 0.3453 | 0.0353 |
| $\pi_5$ | 0.8691 | 0.0014 | 0.1929 | 0.0453 |

注:其中,$\pi_1$ 作为多元逻辑模型的参考变量,其对应的 $\alpha_{0,1}$、$\alpha_{1,1}$、$\alpha_{2,1}$、$\alpha_{3,1}$ 为 0。

**组分均值中参数估计结果**　　　　表 5-5

| 对应组分 | 短路段参数估计值 | | 长路段参数估计值 | |
|---|---|---|---|---|
| | $\beta_0$ | $\beta_1$ | $\beta_2$ | $\beta_3$ |
| $\lg \mu_1$ | 4.1802 | 0.0108 | 7.0166 | −0.0097 |
| $\lg \mu_2$ | 5.8990 | −0.0030 | 6.6554 | −0.0008 |
| $\lg \mu_3$ | 4.5027 | 0.0086 | 5.1334 | 0.0024 |
| $\lg \mu_4$ | 5.2759 | −0.0142 | 6.3925 | −0.0044 |
| $\lg \mu_5$ | 3.5475 | 0.0168 | 4.0507 | 0.0105 |

由表 5-5 可见，对于短路段，组分 3 和 4 的平均值与红灯时长呈负相关，而其他 3 个组分与红灯时长呈正相关；对于长路段，组分 3 和 5 的平均值与周期时长呈正相关，而其他 2 个组分与周期时长呈负相关。另外，短路段 1、3 和 5 组分的 $\beta_1$ 值较为接近，说明这三个组分的均值随时间变化趋势较为相似；同样，对于长路段，组分 1 和组分 4 均值的变化趋势较为相似。

另外，混合比例作为一种分类样本的方法，可以清晰体现行程时间分布特征，估计每个样本对应的组分 $\pi_{i,k}$，并对各组分所占比例估计结果进行统计，见表 5-6。

**各组分所占比例**　　　　表 5-6

| 模型 | 比　率 | |
|---|---|---|
| | 短路段 | 长路段 |
| $\pi_1$ | 15.65% | 3.85% |
| $\pi_2$ | 37.56% | 4.68% |
| $\pi_3$ | 0.05% | 62.07% |
| $\pi_4$ | 7.09% | 13.87% |
| $\pi_5$ | 39.65% | 15.53% |

## 5.4　拟合结果分析

由于最优模型采用的是对数正态分布，为了直观体现可变权重混合分布模型拟合后的均值变化，将表 5-5 的估计结果数据进行对数变换，并将 $\mu_1$、$\mu_2$、$\mu_3$、$\mu_4$、$\mu_5$ 随时间的变化趋势进行对比分析，如图 5-3 所示。

对于短路段而言，1、3、5 组分具有相同的变化趋势；对于长路段，组分 1 和 4 的均值具有相同的时变特征。由于 SCATS 系统的信号配时包括红灯时长、绿灯时长、周期时长等，并随着交通状况变化，可推断混合分布模型组分均值的变化一定程度上能够代表对应的交通状况。对于短路段，由混合比例可知，组分 1、2、5 占据较大部分比例，达到 93%，其变化出现于早 7:00—10:00 长时间的高峰时段和晚 17:00—18:00 短时间的高峰时段；而对于长路段，除去所占比例较小的组分 1 和 2，仅占 8.5%，占比最大达到 62% 的组分 3 的均值随行程时间的波动并不明显,组分4和5的均值随着时间的变化趋势却围绕组分3呈现对称分布,进一步证明了长路段的行程时间分布波动较大,车辆在通过多个连续交叉路口的行程时间分布呈现中间高、两侧低的单峰分布趋势。

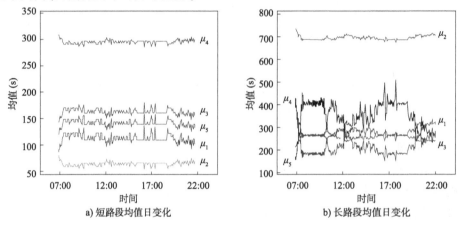

图 5-3　一天内每个组分均值变化

## 参 考 文 献

[1] Yang Q, Wu G, Boriboonsomsin K, et al. A novel arterial travel time distribution estimation model and its application to energy/emissions estimation[J]. Journal of Intelligent Transportation Systems, 2017, 22(4), 325-337.

[2] Khalili A, Chen J. Variable selection in finite mixture of regression models[J]. Journal of the American Statistical Association, 2007, 102(479), 1025-1038.

[3] Frühwirth-Schnatter S. Finite mixture and Markov switching models[M]. Springer Science & Business Media, 2006.

[4] Rigby B, Stasinopoulos M. A flexible regression approach using GAMLSS in R[D]. Lancaster: University of Lancaster, 2009.

[5] Akaike H. A new look at the statistical model identification[J]. IEEE Transactions on Automatic Control, 1974, 19(6), 716-723.

[6] Chen P, Yin K, Sun J. Application of finite mixture of regression model with varying mixing probabilities to estimation of urban arterial travel times[J]. Transportation Research Record: Journal of the Transportation Research Board, 2014, 2442, 96-105.

[7] Bonett D G, Wright T A. Sample size requirements for estimating Pearson, Kendall and Spearman correlations[J]. Psychometrika, 2000, 65(1), 23-28.

# 第6章 考虑路段相关性的干道行程时间建模与可靠性评价

估计城市干道行程时间分布能够辅助出行者进行科学的路径决策,同时为提升交通管控水平提供理论依据与技术支撑。目前,大部分研究多基于路径行程时间服从某一特定分布的假设,同时假定路段(Segment)之间相互独立。但是,对于交叉路口间距短、信号联动控制效果显著的城市干道,以上假设很难真实反映多路段关联的路径行程时间分布特征。因此,本章基于考虑路段相关性特征的Copula理论,建立路径行程时间分布模型,并评价一定期望水平下的路径行程时间可靠度。

首先分析路段间行程时间的相关性特征,确定适用的Copula函数;然后分别通过参数和非参数回归分析拟合路段行程时间分布;进而通过拟合优度检验确定最优Copula函数并估计其参数;最后通过Copula模型估计反映路径随机特征的行程时间联合密度分布。在考虑同一路径上不同路段行程时间相关性的前提下,基于AVI干道行程时间数据对模型进行验证。

## 6.1 基于Copula理论的路段相关性研究方法

行程时间分布是决定行程时间可靠性的关键。现阶段研究者大多从路径层面通过拟合行程时间分布函数,界定行程时间阈值,建立路径行程时间可靠性评价模型。然而,现有研究常忽略了路段之间内在的相关性。随着交通信息化技术的发展,路段(Segment)的随机性特征越来越易于测量。以直接获取的数据为基础,以交通均衡分布原则间接获取的数据进行可靠度计算更加客观。基于路段级(Segment)的AVI卡口数据建立路径行程时间分布,一方面可以充分利用AVI卡口获得的车牌识别信息,更重要的是可以建立不同路径的行程时间可靠性评价模型。因此,基于Copula理论刻画路段行程时间之间的相关结构,构建路径行程时间可靠度的计算方法,为路径行程时间可靠性研究开辟新的思路。

鉴于目前路径行程时间可靠性的研究现状和实际需要,在考虑路段相关性的前提下,通过拟合干道上的路段行程时间分布,基于Copula理论建立路径行程时间的联合分布。最终建立路径行程时间可靠度评价模型,并对比分析考虑与不考虑路段相关性两种情况下的干道行程时间可靠度。具体内容如下:

(1)对干道上的路段行程时间进行参数回归分析和非参数核密度估计回归分析,通过拟合优度检验确定各路段行程时间数据拟合效果最优的边际分布类型。

(2)基于Copula理论,根据路段之间的相关性特征估计Copula函数参数,通过拟合优度检验,确定可行的Copula函数,建立考虑与不考虑路段关联两种情况下的干道路径行程时间可靠度评价模型。

(3) 利用实际干道 AVI 卡口数据进行实例验证,对比分析考虑与不考虑路段相关性的行程时间可靠度的计算结果,为干道行程时间可靠性度量提供依据。

## 6.2 Copula 理论

路段之间的行程时间并非独立,而是受到上游临近路段行程时间的影响,即路段行程时间之间存在着某种关联。这种关联在数学上通常使用相关系数进行描述,但相关系数只能描述线性相关关系,并不能描述非线性相关关系和其他更为复杂的相关关系。Copula 作为一种描述随机变量相关结构的函数被用来描述路段间相关性特征。本节介绍 Copula 函数的定义及构造方法,常用二维 Copula 函数及其参数估计和拟合优度检验;最后给出 Copula 函数的应用步骤。

### 6.2.1 Copula 函数

Copula 理论在 1959 年由 Sklar 提出后,首先被广泛应用于统计领域,随后研究者逐渐将 Copula 理论应用于金融、经济和水文等领域。近年来,Copula 理论开始应用于交通领域,如运用 Copula 理论建模交通流流量、密度、速度三个参数的基本关系[1]。

Copula 函数是定义域为 $[0,1]$ 均匀分布的多维联合分布函数,可将多个随机变量的边缘分布连接,从而得到其联合分布。对于任意的连续变量 X 和 Y,Sklar 定理指出:假设一个多维分布函数 $F$ 的边际分布函数为 $F_1(x_1), F_2(x_2), \cdots, F_n(x_n)$,则存在一个 Copula 函数 $C$ 满足 $F(x_1, x_2, \cdots x_n) = C(F_1(x_1), F_2(x_2), \cdots, F_3(x_3))$,如果 $F_1(x_1), F_2(x_2), \cdots, F_n(x_n)$ 连续,则 Copula 函数唯一,反之亦然。由 Sklar 定理可见,Copula 函数能够独立于随机变量的边缘分布反映随机变量的相关性结构,从而将联合分布分为如下两个独立的部分分别处理:变量间的相关性结构和变量的边缘分布,其中相关性结构采用 Copula 函数描述。

Sklar 定理的数学表达如下:

$$f(x_1, x_2, \cdots, x_n; \theta) = c(F_1(x_1, \theta_1), F_2(x_2, \theta_2), \cdots, F_n(x_n, \theta_n); \theta_c) \prod_{i=1}^{n} f_i(x_i; \theta_i)$$
$$= c(u_1, u_2, \cdots, u_n; \theta_c) \prod_{i=1}^{n} f(x_i; \theta_i) \quad (6\text{-}1)$$

其中,

$$c(F_1(x_1), F_2(x_2), \cdots, F_n(x_n,)) = \frac{\partial C(F_1(x_1), F_2(x_2), \cdots, F_n(x_n))}{\partial F_1(x_1) \partial F_2(x_2), \cdots, \partial F_n(x_n)} \quad (6\text{-}2)$$

$f(x_1, x_2, \cdots, x_n; \theta)$ 为具有参数 $\theta$ 的联合概率密度函数;$f_i(x_i; \theta_i)$ 为具有参数 $\theta_i (i=1, 2, \cdots, n)$ 的边缘分布函数;$u_n (n=1,2,3\cdots)$ 为边缘分布;$F_i(x_i)(i=1,2,3\cdots)$ 为边缘分布的累积分布函数。

根据 Copula 函数的相关理论,可以运用两阶段法构造 Copula 模型。第一阶段,确定边缘分布;第二阶段,选取一个合适的 Copula 函数描述随机变量之间的相关性结构。

## 6.2.2 变量相关性

对于随机变量 $X$、$Y$ 之间的相关性描述,最常用的是 $\rho_P$(Pearson's product-moment correlation),描述变量之间的线性相关关系:

$$\rho_P(X,Y) = \frac{\text{cov}(X,Y)}{\sigma(X)\sigma(Y)} \tag{6-3}$$

其中,$\text{cov}(X,Y)$ 是变量 $X$、$Y$ 之间的协方差,$\text{cov}(X,Y) = \mu(X,Y) - \mu(X)\mu(Y)$;$\mu(X)$、$\sigma(X)$ 和 $\mu(Y)$、$\sigma(Y)$ 分别为随机变量 $X$、$Y$ 的均值和方差。

因此,当 $\rho_P = 0$ 时,并不能充分说明随机变量 $X$、$Y$ 不相关,可能存在更为复杂的相关关系,$\rho_S$(Spearman's rank correlation)和 $\tau$(Kendall's rank correlation)作为秩检验相关系数,能够刻画变量间更为复杂的相关性。Embrechts 等在 2002 年曾指出:对基于 Copula 建立的多维联合分布,变量之间的相关性描述通过简单的线性相关系数 $\rho_P$ 很难量度,而基于秩相关的相关系数 $\rho_S$、$\tau$ 则能够较好地描述这种相关关系[2]。早在 1990 年,Kendall 和 Gibbons 指出,与 $\rho_S$ 相比,$\tau$ 的置信区间更为可靠且判断性更强[3]。因此,综合考虑 $\tau$、$\rho_S$ 对于变量之间相关性的描述优势,以下以 $\tau$ 为主,辅以 $\rho_S$,介绍不同形式的 Copula 函数。

## 6.2.3 常用 Copula 函数

二维 Gaussian Copula 函数形式为:

$$C_\Sigma(u,v) = \Phi_\Sigma(\Phi^{-1}(u),\Phi^{-1}(v)) = \int_{-\infty}^{\Phi^{-1}(u)} \int_{-\infty}^{\Phi^{-1}(v)} \frac{1}{2\pi\sqrt{1-\theta^2}} \exp\left(-\frac{s^2 - 2\theta st + t^2}{2(1-\theta^2)}\right) ds dt \tag{6-4}$$

其中,$\Sigma = \begin{pmatrix} 1 & \theta \\ \theta & 1 \end{pmatrix}$ 是线性相关矩阵,参数 $\theta$ 的取值范围为 $\theta \in (-1,1)$;$\Phi_\Sigma$ 是一个标准的二维正态分布;当 $\theta = 0$ 时,Gaussian Copula 为独立的 Copula 函数。相关参数 $\theta$ 和 Kendall's tau 的关系为 $\tau = (2/\pi)\sin^{-1}(\theta)$;二维 Gaussian Copula 的密度函数为:

$$c_\Sigma(u,v) = \frac{1}{\sqrt{|\Sigma|}} \exp\left(-\frac{1}{2}\omega^T(\Sigma^{-1} - I_2)\omega\right) \tag{6-5}$$

其中,$\omega^T = (\Phi^{-1}(u),\Phi^{-1}(v))$ 和 $I_2$ 均为 $2 \times 2$ 的单位矩阵。

Farlie-Gumbel-Morgenstern(FGM)Copula 函数的二维累积联合分布函数为:

$$C_\theta(u,v) = uv[1 + \theta(1-u)(1-v)] \tag{6-6}$$

其中,参数 $\theta$ 的取值范围是 $|\theta| \leq 1$。

FGM Copula 函数的密度函数为:

$$c_\theta(u,v) = [1 + \theta(2u-1)(2v-1)] \tag{6-7}$$

FGMCopula 只适用于两个随机变量相关性较弱的情况,其参数 $\theta$ 和相关性度量指标 Kendall's tau $\tau_{X,Y}$ 和 Spearman's rho $\rho_{X,Y}$ 满足:

$$\tau_{X,Y} = \frac{2}{9}\theta \tag{6-8}$$

$$\rho_{X,Y} = \frac{\theta}{3} \tag{6-9}$$

因此，$\theta \in [-1,1]$，$\tau_{X,Y} \in \left[-\dfrac{2}{9}, \dfrac{2}{9}\right]$，$\rho_{X,Y} \in \left[-\dfrac{1}{3}, \dfrac{1}{3}\right]$。

Archimedean Copula 函数结构简单，计算简便，可以构造出形式多样、适应性强的多变量联合分布函数，实际应用中较多。Archimedean Copula 函数族是通过算子 $\phi$（又称生成函数，一个完全单调函数）构造而成。$n$ 维 Archimedean Copula 函数族定义如下：

$$C^n(u_1, u_2, \cdots, u_n) = \phi^{[-1]}\{\phi(u_1) + \phi(u_2) + \cdots + \phi(u_n)\} \tag{6-10}$$

$$\phi^{[-1]}(t) = \begin{cases} \phi^{-1}(t), & 0 \leq t \leq \phi(0) \\ 0, & \phi(0) \leq t \end{cases} \tag{6-11}$$

以两个变量为例，当 $n = 2$ 时：

$$C(u_1, u_2) = \phi^{[-1]}\{\phi(u_1) + \phi(u_2)\} \tag{6-12}$$

其中，$C(u_1, u_2, \ldots, u_n)$ 为 Copula 函数，表示随机变量 $X_1, X_2, \ldots, X_n$ 之间的相关结构；$\phi$ 为阿基米德生成函数（算子），是连续、严格递减的凸函数，满足 $\phi(0) = \infty$，$\phi(\infty) = 0$；$\phi^{[-1]}$ 为 $\phi$ 的逆函数，是连续、严格递减的凸函数，满足 $\phi^{[-1]}(0) = 1$，$\phi^{[-1]}(\infty) = 0$。

由 Archimedean Copula 函数的定义可知，根据算子的形式即能确定一种相应的 Copula 函数。不同算子的选择，会产生不同类别的 Archimedean Copula 函数。以下介绍几种常见的二维阿基米德 Copula 函数：

Gumbel Copula：当算子 $\phi_\theta(t) = (-\ln t)^\theta$，对应的 Copula 函数称为 Gumbel-Hougaard Copula，其累积分布函数为：

$$C_\theta(u_1, u_2) = \exp\left\{-\left[(-\ln u_1)^\theta + (-\ln u_2)^\theta\right]^{\frac{1}{\theta}}\right\} \tag{6-13}$$

其中，参数 $\theta$ 与 Kendall's tau 的关系为 $\tau = 1 - \theta^{-1}$，$0 < \theta < 1$。

Gumbel Copula 的密度函数表达式为：

$$c_\theta(u_1, u_2) = \theta^2 \exp\{-t_\theta(u_1, u_2)^\alpha\} \frac{(-\ln u_1)^{\theta-1}(-\ln u_2)^{\theta-1}}{t_\theta(u_1, u_2)^2 u_1 u_2} P_{2,\alpha}^G(t_\theta(u_1, u_2)^\alpha) \tag{6-14}$$

其中，$\alpha = 1/\theta$；$P_{2,\alpha}^G(x) = \sum_{k=1}^{2} \varepsilon_{2k}^G(\alpha) x^k$；$\varepsilon_{2k}^G(\alpha) = \dfrac{2}{k!} \sum_{j=1}^{k} \binom{k}{j}\binom{\alpha j}{2}(-1)^{2-j}$。

Frank Copula：当算子 $\phi_\theta(t) = -\ln \dfrac{e^{-\theta t} - 1}{e^{-\theta} - 1}$，对应的 Copula 函数称为 Frank Copula，其累积分布密度函数为：

$$C(u_1, u_2) = -\dfrac{1}{\theta}\left\{1 + \dfrac{[\exp(-\theta u_1) - 1][\exp(-\theta u_2) - 1]}{[\exp(-\theta) - 1]^2}\right\} \tag{6-15}$$

其中，$\theta$ 的取值范围为 $\theta \in (-\infty, +\infty) \setminus \{0\}$，且 $\theta$ 与 Kendall's tau 的关系为 $\tau = 1 - \dfrac{4}{\theta}[1 - D_1(\theta)]$，$D_1(\theta)$ 是 Debye 函数 $D_k(\theta)$ 当 $k = 1$ 的形式，$D_k(\theta) = \dfrac{k}{\theta^k} \int_0^\theta \dfrac{t^k}{e^t - 1} dt$。$\tau$ 的取值范围为 $\tau \in (-1, 1)$。

Frank Copula 的密度函数表达式为：

$$c_\theta(u_1, u_2) = \left(\dfrac{\theta}{1 - e^{-\theta}}\right) Li_{-1}\{h_\theta^F(u_1, u_2)\} \dfrac{\exp[-\theta(u_1 + u_2)]}{h_\theta^F(u_1, u_2)} \tag{6-16}$$

其中，$h_\theta^F(u_1,u_2) = (1-e^{-\theta})^{-1}[1-\exp(-\theta u_1)][1-\exp(-\theta u_2)]$。

Clayton Copula：当算子 $\phi_\theta(t) = t^{-\theta} - 1$ 时，对应的 Copula 函数称为 Clayton Copula，其累积分布密度函数为：

$$C(u_1,u_2) = [u_1^{-\theta} + u_2^{-\theta} - 1]^{\frac{1}{\theta}} \tag{6-17}$$

其中，$\theta$ 的取值范围是 $\theta \in (0, +\infty)$，且 $\theta$ 与 Kendall's tau 的关系为 $\tau = \dfrac{\theta}{\theta+2}$，故 $0 < \tau < 1$。

Clayton Copula 的密度函数为：

$$c_\theta(u_1,u_2) = (1+\theta)u_1^{-(\theta+1)}u_2^{-(\theta+1)}(u_1^{-\theta} + u_2^{-\theta} - 1)^{-\frac{1}{\theta}-2} \tag{6-18}$$

Ali-Mikhai-Haq Copula：当算子 $\phi_\theta(t) = \ln\dfrac{1-\theta(1-t)}{t}$，对应的 Copula 函数称为 Ali-Mikhai-Haq Copula，其累积分布密度函数为：

$$C(u_1,u_2) = \dfrac{u_1 u_2}{1-\theta(1-u_1)(1-u_2)} \tag{6-19}$$

其中，$\theta$ 的取值范围是 $\theta \in [-1,1]$，且 $\theta$ 与 Kendall's tau 的关系为：

$$\tau = \dfrac{3\theta-2}{3\theta} - \dfrac{2(1-\theta)^2}{3\theta^2}\ln(1-\theta) \tag{6-20}$$

$-0.182 < \tau < 0.333$。Ali-Mikhai-Haq Copula 的密度函数为：

$$c_\theta(u_1,u_2) = \dfrac{(1-\theta)^3}{\theta^2} \dfrac{h_\theta^A(u_1,u_2)}{u_1^2 u_2^2} Li_{-2}\{h_\theta^A(u_1,u_2)\} \tag{6-21}$$

其中，$h_\theta^A(u_1,u_2) = \theta\dfrac{u_1}{1-\theta(1-u_1)}\dfrac{u_2}{1-\theta(1-u_2)}$；$Li_s(z) = \sum\limits_{k=1}^{\infty} Z^k/k^s$。

Joe Copula：当算子 $\varphi_\theta(t) = -\ln[1-(1-t)^\theta]$ 时，对应的 Copula 函数称为 Joe Copula，其累积分布密度函数为：

$$C_\theta(u_1,u_2) = 1 - [(1-u_1)^\theta + (1-u_2)^\theta - (1-u_1)^\theta(1-u_2)^\theta]^{\frac{1}{\theta}} \tag{6-22}$$

其中，参数 $\theta$ 与 Kendall's tau 的关系：$\tau = 1 + \dfrac{4}{\theta}D_J(\theta)$，$D_J(\theta) = \int_{t=0}^{1}\dfrac{[\ln(1-t^\theta)](1-t^\theta)}{t^{\theta-1}}\mathrm{d}t$，$\tau$ 的取值范围是 $\tau \in (0,1)$。

Joe Copula 的密度函数为：

$$c_\theta(u_1,u_2) = \theta\dfrac{(1-u_1)^{\theta-1}(1-u_2)^{\theta-1}}{\{1-h_\theta^J(u_1,u_2)\}^{1-\alpha}}P_{2,\alpha}^J\left[\dfrac{h_\theta^J(u_1,u_2)}{1-h_\theta^J(u_1,u_2)}\right] \tag{6-23}$$

其中，$\alpha = 1/\theta$；$h_\theta^J(u_1,u_2) = \{1-(1-u_1)^\theta\}\{1-(1-u_2)^\theta\}$；$P_{2,\alpha}^J(x) = \sum\limits_{k=0}^{1}\varepsilon_{2k}^J(\alpha)x^k$；$\varepsilon_{2k}^J(\alpha) = S(2,k+1)\dfrac{\Gamma(k+1-\alpha)}{\Gamma(1-\alpha)}$，$S(j,k)$ 是第二类 Stirling 数。

不同形式的 Copula 函数对于变量的相关性具有不同的要求，Gumbel Copula 函数、Clayton Copula 函数和 Joe Copula 函数适用于具有正相关关系的随机变量；Frank Copula 函数对正、负相关关系的随机变量均适用；Ali-Mikhai-Haq Copula 和 Farlie-Gumbel-Morgenstern Copula 函数适用于弱相关关系的随机变量。

### 6.2.4 参数估计与拟合优度检验

Copula 函数的参数估计有两种方法,即非参数法和参数法。非参数法根据随机变量 $X$、$Y$ 的相关系数 Kendall's Tau 和 Spearman's Rho 确定。首先,确定随机变量 $X$、$Y$ 各自的边缘分布,然后通过概率积分变换以适应 Copula 模型,并估计 Copula 参数 $\theta$。以下以 FGM Copula 的应用为例说明参数 $\theta$ 估计过程。

如果 FGM Copula 函数能够较好地表示随机变量 $X$、$Y$ 间的相关关系,则 FGM Copula 的参数 $\theta$ 与 Kendall's Tau 和 Spearman's Rho 具有如下关系:

$$\hat{\theta} = \frac{9}{2}\tau_{X,Y} \tag{6-24}$$

$$\hat{\theta} = 3\rho_{X,Y} \tag{6-25}$$

通常所用的参数法即极大似然估计,Copula 模型参数的估计包含以下两个步骤:
(1)边缘分布的参数估计:

$$\hat{\alpha}_1 = \arg\max \sum_{i=1}^{n} \ln f_1(x_{1i};\alpha_1) \tag{6-26}$$

$$\hat{\alpha}_2 = \arg\max \sum_{i=1}^{n} \ln f_2(x_{2i};\alpha_2) \tag{6-27}$$

(2)Copula 参数的估计:

$$\hat{\theta} = \arg\max \sum_{i=1}^{n} \ln c(F_1(x_{1i};\hat{\alpha}_1), F_2(x_{2i};\hat{\alpha}_2);\theta) \tag{6-28}$$

极大似然估计对边缘分布需要严格的参数确定,并且在一般情况下,似然方程组的求解较为复杂,往往需要通过迭代运算才能获得近似解。Kim[4]等指出,极大似然估计依赖边缘分布的选择,如果不能合理确定边缘分布,容易造成估计值失真。相比之下,非参数法只需要确定随机变量的相关系数,即可确定 Copula 参数 $\theta$。因此,选择非参数法进行 Copula 参数 $\theta$ 估计。

对于随机变量 $X$、$Y$ 之间的相关性描述,有多个不同类型的 Copula 函数可供选择,但最优模型的确定需要根据拟合优度检验。Copula 函数的拟合优度检验具有多种方法,包括:①Kologomorov-Smirnov 检验(K-S 检验);②Anderson-Darling 检验(AD 检验);③Cramer-von Mises 检验;④AIC 准则(赤池信息准则)等。

### 6.2.5 Copula 函数应用步骤

应用 Copula 函数一般遵循以下 3 个步骤:

(1)确定适合的边际分布。众多研究者假设行程时间符合正态分布,但在考虑信号控制等因素的情况下往往出现较大偏差。因此,通过拟合优度检验确定与数据序列拟合效果最优的边际分布类型。

(2)确定适合的 Copula 函数及其参数。根据路段 1 行程时间和路段 2 行程时间之间的相关关系特点,确定合适的 Copula 模型,计算 Copula 函数的参数,明确各 Copula 函数的具体形式。

(3)拟合优度检验。通过拟合优度检验,从多种可行的 Copula 模型中确定最优的 Copula 函数,建立路径行程时间分布。

## 6.3 干道行程时间建模

首先从路段和路径层面给出行程时间可靠度的定义,在不考虑路段相关性和考虑路段相关性两种情况下分别建立路径行程时间可靠度模型。建立考虑路段相关性的行程时间可靠度模型时,基于两种数据回归分析方法对路段行程时间分布进行拟合,根据各Copula函数的特点,选择合适的Copula函数建立路径行程时间分布。

### 6.3.1 干道行程时间可靠度

可靠度作为可靠性的量化,可用来衡量系统在规定寿命内完成规定功能的能力。行程时间可靠度是指车辆在一定交通条件下以一定时间到达目的地的能力,或在允许时间范围内到达目的地的概率。在建模行程时间可靠度前,首先明确路段(Link)行程时间、多路段(Segment)行程时间和路径(Path)行程时间的定义。

(1) 路段(Link)行程时间:是指车辆通过该路段所用时间和通过与其邻近的一个交叉路口的延误时间之和[5],如图6-1所示。

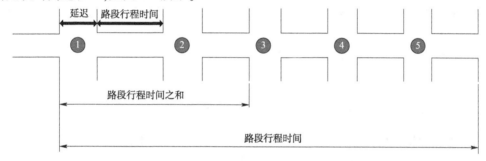

图6-1 路段行程时间示意图

(2) 多路段(Segment)行程时间:在AVI卡口之间的多条路段行程时间之和。
(3) 路径(Path)行程时间:从出发地到目的地之间的多条路段行程时间之和。

基于AVI卡口之间的多路段行程时间进行建模,分别介绍路段行程时间可靠度和路径行程时间可靠度。

路段自由行程时间是指车辆以该段路最高限速标准通过相邻两个AVI卡口之间的最小时间。路段行程时间可靠度为路段上行驶车辆的行程时间不高于此路段自由流状态下行程时间$\lambda$倍的概率,可表示为:

$$R_A = p(T_A < \lambda t_A^0) \tag{6-29}$$

其中,$R_A$表示路段$A$的行程时间可靠度;$T_A$表示路段$A$的实际行程时间;$t_A^0$表示路段$A$在自由流状态下的行程时间;$\lambda$为常数,表示期望行程时间标准,$\lambda$越大表示可靠度的评价标准越低。通常$\lambda$的取值范围设在(1, 2)之间[6]。如果路段行程时间在统计意义上服从某种分布,则根据概率计算即可得到路段行程时间的可靠度。

路径自由行程时间是指车辆在指定路径上以该路段上的最高限速标准通过所用的时间。路径行程时间可靠度,即行驶车辆在该路径上的行程时间小于或者等于此路径自由行程时间的$\lambda$倍(即期望的行程时间)的概率为:

$$R_x = p(T_x < \lambda t_x^0) \tag{6-30}$$

其中,$R_x$ 表示路径 $x$ 的行程时间可靠度;$T_x$ 表示路径 $x$ 的实际行程时间;$t_x^0$ 表示路径 $x$ 的自由行程时间;$\lambda$ 为常数,表示期望行程时间标准,取值范围为 $\lambda \in (1,2)$。

### 6.3.2 不考虑路段相关性的干道行程时间建模

假设一条路径由 $K$ 个路段组成,在路段相互独立的假设条件下,路径行程时间分布可表示为:

$$TTD_K^p = TTD_1 * TTD_2 * \cdots * TTD_K \tag{6-31}$$

$$(TTD_i * TTD_j)(t) = \int_{-\infty}^{\infty} TTD_i(\tau) TTD_j(t-\tau) d\tau \tag{6-32}$$

其中,$TTD_K^p$ 表示路径行程时间分布;$TTD_K$ 表示路段 $K$ 的行程时间分布;($*$)表示卷积运算,$(TTD_i * TTD_j)(t)$ 表示任意两个概率密度函数的卷积。

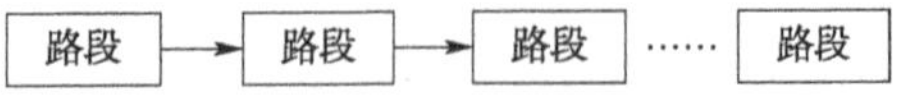

在不考虑路段间的相关性时,即路段间相互独立,可以将路径视为由若干条路段串联而成。串联模型的示意图如图 6-2 所示。

图 6-2 串联模型示意图

串联系统的可靠性等于各子系统可靠性的乘积,可得整条路径的行程时间可靠度为:

$$R_m = R_{A_1} R_{A_2} \cdots R_{A_n} \tag{6-33}$$

其中,$R_m$ 表示路径 $m$ 的可靠度;$A_i(i=1,2,\cdots,n)$ 表示某一路段,因此,$R_{A_n}$ 表示路段 $n$ 的行程时间可靠度。

### 6.3.3 考虑路段相关性的干道行程时间建模

当考虑路段相关性时,路径行程时间的概率密度分布函数不再是各路段行程时间概率密度分布函数的乘积,而是基于 Copula 函数推导的路径行程时间联合概率密度分布函数,根据路径行程时间可靠度定义可计算路径行程时间可靠度。

在考虑路段间相互关联的条件下,计算路径行程时间可靠度时需要先确定各路段的行程时间分布函数以及符合相关性条件的 Copula 函数,可通过假设检验实现。在确定路段行程时间分布时,可利用参数回归和非参数回归两种方法。

参数回归拟合即先假设路段行程时间服从某一分布,然后通过拟合优度评价准则,确定最优分布。常用分布拟合优度评价准则有 Log-likelihood、AIC、BIC、RMSE 等。假设路段行程时间分布服从 Weibull 分布,参数为 $(\lambda, k)$,$\lambda$ 为形状参数,$k$ 为尺度参数,其概率密度及累计分布函数为:

$$f_{T_A}(t;\lambda,k) = \begin{cases} \dfrac{k}{\lambda}\left(\dfrac{t}{\lambda}\right)^{k-1} e^{-(t/\lambda)^k} & t > t_A^0 \\ 0 & t < 0 \end{cases} \tag{6-34}$$

其中,$t$ 表示路段行程时间,$t_A^0$ 表示路段 $A$ 的自由行程时间。

$$F_{T_A}(t) = 1 - e^{-(t/\lambda)^k} \tag{6-35}$$

常用的非参数回归拟合分布方法为核密度估计。假设 $X_1, X_2, \cdots, X_n$ 是取自一元连续整体的样本,在任意 $x$ 处总体密度函数 $f(x)$ 的核密度估计为:

$$\hat{f}_h(x) = \frac{1}{nh}\sum_{i=1}^{n}K\left(\frac{x-X_i}{h}\right) \quad (6\text{-}36)$$

其中，$K$ 为核函数(Kernel Function)，$h$ 称为窗宽。为了保证 $\hat{f}_h(x)$ 密度函数估计的合理性，要求核函数 $K$ 满足：

$$K(x) \geqslant 0, \int_0^{+\infty} K(x)\mathrm{d}x = 1 \quad (6\text{-}37)$$

即，要求核函数 $K$ 是某个分布的密度函数。在绘制核密度估计图的过程中，由于核函数对曲线的影响较小，通常选用高斯核函数。窗宽 $h$ 会影响曲线的光滑程度。

根据路段行程时间的相关关系特点，可以确定几种可行的 Copula 函数形式，进而根据路段行程时间分布通过拟合优度检验确定最优 Copula 函数。以 FGM Copula 为例说明 Copula 函数的构造过程，路径行程时间的联合密度函数为：

$$\begin{aligned}f_{T_1,T_2,\cdots,T_n}(t_1,t_2,\cdots,t_n) &= c(F_{T_1}(t_1),F_{T_2}(t_2),\cdots,F_{T_n}(t_n))\prod_{i=1}^{n}f_{T_i}(t_i)\\ &= [1+\theta(2F_T(t)-1)]\prod_{i=1}^{n}f_{T_i}(t_i)\end{aligned} \quad (6\text{-}38)$$

其中，$F_{T_n}(t) = (F_{T_1}(t),F_{T_2}(t),\cdots,F_{T_n}(t))$；$F_{T_i}(t_i)$ 为路段 $i$ 的累积分布函数；$f_{T_i}(t_i)$ 为路段 $i$ 的概率密度函数。

在确定路段行程时间分布后，利用 Copula 即可推导路径行程时间的联合分布密度，经参数估计后，可计算路径的行程时间可靠度：

$$R_x = p(T_x < \lambda t_x^0) = F_Z(\lambda t_x^0) \quad (6\text{-}39)$$

其中，$R_x$ 为路径 $x$ 的行程时间可靠度；$T_x$ 为路径 $x$ 的行程时间；$t_x^0$ 为路径 $x$ 的自由行程时间；$\lambda$ 为期望行程时间标准。

利用卷积公式可得：

$$F_Z(\lambda t_x^0) = p(T_1+T_2+\cdots+T_n \leqslant \lambda t_x^0) = \iint\limits_{Z\leqslant \lambda t_x^0}\cdots\int f(t_1,t_2,\cdots,t_n)dt_1 dt_2,\cdots,dt_n \quad (6\text{-}40)$$

其中，$Z = T_1+T_2+\cdots+T_n$，表示 $n$ 条路段的行程时间之和。

计算路径的行程时间可靠度：

$$\begin{aligned}R_k &= p(T_k < \lambda t_k^0) = F_Z(\lambda t_x^0) = \iint\limits_{Z\leqslant \lambda t_x^0}\cdots\int f_{T_1,T_2,\cdots,T_n}(t_1,t_2,\cdots,t_n)dt_1 dt_2\cdots dt_n\\ &= \iint\limits_{Z\leqslant \lambda t_x^0}[1+\theta(2F_T(t))-1]\prod_{i=1}^{n}f_{T_i}(t_i)dt_1 dt_2\cdots dt_n\end{aligned} \quad (6\text{-}41)$$

其中，$R_k$ 为考虑路段相关性的路径 $k$ 的行程时间可靠度；$T_k$ 为路径 $k$ 的行程时间；$t_k^0$ 为路径 $k$ 的自由行程时间；$\lambda$ 为路径 $k$ 的期望行程时间标准。

## 6.4 仿真实验与分析

基于建立的路径行程时间可靠度模型，结合上海市普陀区干道 SCATS 信号配时和交通流量数据及 AVI 车牌识别数据进行模型验证和结果分析。

### 6.4.1 数据来源

研究场景与第五章相同,为上海市普陀区长寿路干道"长安路—胶州路"路段,共包含 6 个交叉路口:长寿路—昌化路交叉路口、长寿路—江宁路交叉路口、长寿路—陕西北路交叉路口、长寿路—西康路交叉路口、长寿路—常德路交叉路口、长寿路—胶州路交叉路口。长寿路是上海市城市路网中的一条重要干线,共设 6 快 2 慢 8 条车道,机动车限速 40km/h。

随着城市化进程的推进,商业迅速发展,长寿路与西康路交叉路口一带逐渐演变成为沪西的商业中心。伴随着餐饮、娱乐业、金融、通信业的迅速发展,大型商厦、办公楼宇以及文化娱乐场所陆续建立在长寿路干道两侧,使得道路上车流量较大,交叉路口延误、交通拥堵、不规则停车等现象经常发生,同时表现出明显的早晚高峰现象,道路交通状况复杂。

所采用的数据集由 AVI 车牌识别数据和 SCATS 系统配时与流量数据构成,数据时间间隔为 5min。AVI 卡口的数据采集原理是在干道的某些固定位置安装视频检测装置,采集车辆经过每个断面的时刻,通过比较同一车辆经过相邻检测装置的不同时刻,从而得到两个相邻检测装置之间路段的行程时间。长安路—胶州路之间共设三个 AVI 卡口采集点,分别位于长寿路—长安路、长寿路—陕西北路、长寿路—胶州路。AVI 视频检测装置安装在交叉路口下游,记录车辆通过交叉路口的时刻、车牌号、颜色等信息,具体属性如图 6-3 所示。

| | A | B | C | D | E | F |
|---|---|---|---|---|---|---|
| 1 | | FSTR_DETECTORI | FSTR_RECTIME | FSTR_LICENSE | FSTR_VEHCOLOR | FSTR_DEALFLAG |
| 2 | 113306 | TD1010104 | 2008-08-30 13:45:50.000 | 沪FU8579 | 2 | 1 |
| 3 | 113307 | TD1010102 | 2008-08-30 13:45:51.000 | 沪B47945 | 1 | 1 |
| 4 | 113308 | TD1010103 | 2008-08-30 13:45:51.000 | 沪DM8555 | 2 | 1 |
| 5 | 113309 | TD1010101 | 2008-08-30 13:45:53.000 | 沪EE2179 | 2 | 1 |
| 6 | 113310 | TD1010103 | 2008-08-30 13:45:57.000 | 沪EU9950 | 2 | 1 |
| 7 | 113311 | TD1010102 | 2008-08-30 13:45:58.000 | 沪DP6652 | 2 | 1 |
| 8 | 113312 | TD1010104 | 2008-08-30 13:46:03.000 | 沪E25646 | 2 | 1 |
| 9 | 113313 | TD1010103 | 2008-08-30 13:46:04.000 | 沪DM4781 | 2 | 1 |
| 10 | 113314 | TD1010103 | 2008-08-30 13:46:05.000 | 沪DM7121 | 2 | 1 |

图 6-3 AVI 车牌自动识别系统采集数据样本

研究数据时间为 2008 年 8 月 25 日 00:00:00 至 2008 年 8 月 31 日 23:59:00,共一周时间。整条路径(长安路—胶州路)全长 1.8km,其中长安路—陕西北路全长 991m,陕西北路—胶州路全长 813m。对 8 月 25 日 00:00:00 至 2008 年 8 月 29 日 23:59:00,即 5 个工作日内的行程时间进行统计,根据 AVI 卡口的位置确定两个路段,将长安路—陕西北路作为路段 1(包含长寿路—昌化路交叉路口、长寿路—江宁路交叉路口、长寿路—陕西北路交叉路口 3 个交叉路口),陕西北路—胶州路作为路段 2(包含长寿路—西康路交叉路口、长寿路—常德路交叉路口、长寿路—胶州路交叉路口 3 个交叉路口),统计得出同一辆车经过上述两条路段的行程时间。由于长安路—胶州路是干道长寿路的一部分,其两侧均为商业圈,会出现路段 1 或路段 2 的行程时间大于 1000s 以上的数据,将其作为异常值剔除。

### 6.4.2 相关性分析

考虑到一天中不同时段道路交通量和道路拥挤程度会影响车辆行程时间,而相邻路段行程时间的关联性又可能受到不同时段交通状况的影响。因此,基于连续 5 个工作日相邻两路段(Segment)的行程时间数据,从单车(vehicle-to-vehicle)的角度对每小时路段行程时间的相关性进行统计分析,结果见表6-1。

路段1和路段2行程时间每小时的相关性　　　　　表6-1

| 序号 | 时间段 | 样本数 | 相关系数 | | |
|---|---|---|---|---|---|
| | | | $\rho_P$ | $\tau$ | $\rho_S$ |
| 1 | 0:00—1:00 | 29 | 0.27 | 0.19 | 0.30 |
| 2 | 1:00—2:00 | 25 | -0.23 | -0.08 | -0.13 |
| 3 | 2:00—3:00 | 19 | -0.33 | 0.08 | 0.09 |
| 4 | 3:00—4:00 | 8 | 0.12 | 0.29 | 0.38 |
| 5 | 4:00—5:00 | 6 | -0.06 | 0.07 | 0.09 |
| 6 | 5:00—6:00 | 72 | 0.33 | 0.21 | 0.31 |
| 7 | 6:00—7:00 | 230 | 0.09 | 0.06 | 0.04 |
| 8 | 7:00—8:00 | 467 | -0.14 | -0.08 | -0.13 |
| 9 | 8:00—9:00 | 610 | -0.03 | -0.02 | -0.03 |
| 10 | 9:00—10:00 | 353 | -0.24 | -0.18 | -0.27 |
| 11 | 10:00—11:00 | 311 | -0.21 | -0.17 | -0.26 |
| 12 | 11:00—12:00 | 301 | -0.20 | -0.11 | -0.17 |
| 13 | 12:00—13:00 | 295 | -0.11 | -0.06 | -0.10 |
| 14 | 13:00—14:00 | 178 | -0.03 | -0.05 | -0.06 |
| 15 | 14:00—15:00 | 150 | -0.17 | -0.09 | -0.14 |
| 16 | 15:00—16:00 | 137 | 0.07 | 0.05 | 0.09 |
| 17 | 16:00—17:00 | 163 | -0.14 | -0.07 | -0.11 |
| 18 | 17:00—18:00 | 374 | 0.02 | 0.05 | 0.09 |
| 19 | 18:00—19:00 | 105 | 0.24 | 0.18 | 0.27 |
| 20 | 19:00—20:00 | 130 | 0.05 | 0.05 | 0.09 |
| 21 | 20:00—21:00 | 108 | -0.32 | -0.19 | -0.27 |
| 22 | 21:00—22:00 | 97 | -0.36 | -0.22 | -0.32 |
| 23 | 22:00—23:00 | 48 | -0.22 | -0.19 | -0.30 |
| 24 | 23:00—24:00 | 41 | 0.17 | 0.19 | 0.30 |

对于每个小时的路段行程时间的相关性,分别采用 $\rho_P$(Pearson's product-moment correlation coefficient)、$\rho_S$(Spearman's rank correlation coefficient)和 $\tau$(Kendall's rank correlation coefficient)进行度量。由表6-1知,$\rho_S$值均偏高于 $\tau$ 值,验证了与 $\rho_S$ 相比 $\tau$ 的置信区间更为可靠且判断性更强。而线性相关系数 $\rho_P$ 从绝对值的角度,总体趋势为高估了相关程度。因此,采用可靠度最高的 $\tau$ 值对路段行程时间的相关性进行分析。

为了直观比较一天中不同时刻路段行程时间的相关性变化程度,将表6-1转化为图6-4。可见,路段行程时间的相关性表现为一种弱相关,而多种类型的Copula函数可用来

描述弱相关性,从这个角度而言,建立用来刻画路段相关性的Copula模型具有可行性。具体而言,0:00—6:00和19:00—24:00时间段的样本数量较少,不具有代表性。其中,0:00—6:00和22:00—24:00时间段的样本量较少,是因为处于午夜和凌晨时间段,人们出行活动明显减少。而对于时间段19:00—21:00样本量较少的原因,主要是因为长寿路干道(长安路—陕西北路—胶州路)长达1.8km,同时经过这两条路段(Segment)的样本量远小于单条路段上的样本量。由于干道上存在多条支路以及人们出行OD的随机性,同时经过两条路段(Segment)的样本量(vehicle-to-vehicle)为干道总样本量的20%左右。但是,从vehicle-to-vehicle的角度分析行程时间相关性特征,虽然存在一定的样本量限制,但是最为精准的一种方法。而且,Copula模型可以产生大量随机数,可以弥补取法样本量的缺陷。对于传统意义上的高峰时段7:00—9:00、11:00—13:00、16:00—18:00这三个时段,$|\tau|<0.1$或$|\tau|\approx 0.1$,说明高峰时段相邻路段的行程时间几乎不相关。由于路段行程时间的相关性主要受交通量、道路通行能力、信号控制等影响,高峰时段路段行程时间相关性较弱的现象可解释为道路实际交通量已经超过道路通行能力,信号控制的作用相对较弱。而对于传统意义上的平峰期时段9:00—11:00,$0.15<\tau<0.20$,则表现出一定的负相关性,可解释为该时间段道路通行能力满足道路交通需求,路段间的信号协调控制占据主要影响。

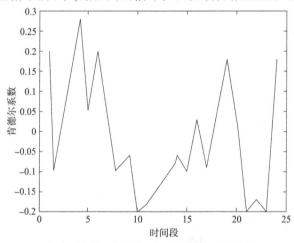

图6-4 路段1和路段2在不同时间段的相关性

因此,基于样本数量和相关性两个因素的考虑,以下分析均基于9:00—11:00的样本数据。单独将9:00—11:00的数据进行相关性分析,结果见表6-2。Kendall's rank correlation coefficient $\tau=0.164$。对于Copula模型的应用,首先要确定Copula函数的参数$\theta$,$\theta$根据$\tau$(Kendall's rank correlation coefficient)确定。

时间段9:00—11:00的相关系数　　　　　　　　　　　　　　表6-2

| 时间段 | 样本数 | 相关系数 | | |
|---|---|---|---|---|
| | | $\rho_P$ | $\tau$ | $\rho_S$ |
| 9:00—11:00 | 664 | −0.21 | −0.164 | −0.25 |

### 6.4.3 路段行程时间分布参数估计

Copula函数在建模路径行程时间分布的过程中,首先要确定边缘分布的具体形式。对于路段行程时间分布的确定,通常是先对路段行程时间的频率直方图进行分析,图 6-5 展示了路段 1 和路段 2 的行程时间频率直方图。根据路段行程时间的频率分布直方图特征,采用参数估计和非参数核密度估计两种方法,确定路段行程时间的具体分布形式。

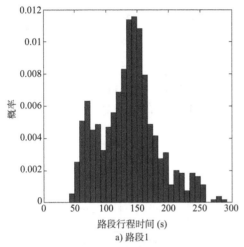 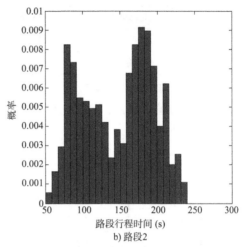

图 6-5　路段行程时间频率直方图

利用正态分布、对数正态分布、威布尔分布和伽马分布对路段行程时间分布进行拟合,通过极大似然法确定各分布的参数,并基于 Log-likelihood、AIC、BIC 准则和 RMSE 对各分布进行优选。Log–likelihood 值的大小说明在相应参数下获得所用数据可能性的大小。

AIC 准则的计算方法为:
$$AIC = -2 \times \ln(\text{模型的最大似然值}) + 2 \times \text{拟合参数值} \quad (6\text{-}42)$$

BIC 准则的计算方法为:
$$BIC = -2 \times \ln(\text{模型的最大似然值}) + 2 \times (\text{拟合参数值} + 1) \quad (6\text{-}43)$$

RMSE 是观测值与真值偏差的平方和观测次数 $n$ 比值的平方根:
$$RMSE = \sqrt{\frac{SS_{err}}{N_T}} \quad (6\text{-}44)$$

其中,$SS_{err}$ 表示观测值与真值偏差的平方和,即原始数据与拟合分布产生数据的平方和;$N_T$ 表示观测数据的总数,即路段行程时间样本量。

较大的 Log-likelihood 值和较小的 AIC、BIC 值、RMSE 值说明该拟合分布较好。对路段 1 和路段 2 的行程时间分布拟合结果见表 6-3。

表 6-3　路段 1 和路段 2 的不同分布拟合曲线

| 路段 | 分布 | 可能性 log | AIC | BIC | RMSE |
|---|---|---|---|---|---|
| 路段 1 | 伽马分布 | -3492.64 | 6989.28 | 6998.2 | 41.2 |
| | 正态分在 | -3497.76 | 6999.51 | 7008.5 | 40.2 |
| | 对数正态分布 | -3509.59 | 7023.19 | 7032.1 | 47.0 |
| | 威布尔分布 | -3492.50 | 6989.01 | 6998.0 | 38.6 |

续上表

| 路段 | 分布 | 可能性 log | AIC | BIC | RMSE |
|---|---|---|---|---|---|
| 路段2 | 伽马分布 | −3608.62 | 7221.25 | 7230.2 | 51.2 |
| | 正态分布 | −3615.40 | 7234.80 | 7243.8 | 48.8 |
| | 对数正态分布 | −3621.69 | 7247.37 | 7256.3 | 56.0 |
| | 威布尔分布 | −3604.10 | 7212.20 | 7221.2 | 45.0 |

由表 6-3 可知,对于路段 1、路段 2,Weibull 分布均获得较大的 Log-likelihood 和较小的 AIC、BIC、RMSE 值。因此,威布尔分布是最适合的。威布尔分布拟合对应的边缘分布参数估计结果见表 6-4。

威布尔分布参数　　　　　　　　　　　　　　　表 6-4

| 路段 | 分布 | Shape($\lambda$) | Rate($k$) |
|---|---|---|---|
| 路段1 | 威布尔分布 | 3.155 | 153.032 |
| 路段2 | 威布尔分布 | 3.101 | 176.618 |

非参数回归分析采用核密度估计的方法,选用高斯核函数,图 6-6 为路段行程时间的核密度估计图,图 6-7 为路段行程时间的样本经验分布函数和基于核密度估计的累计分布函数。

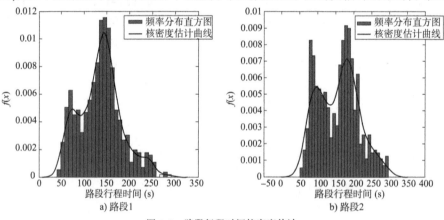

图 6-6　路段行程时间核密度估计

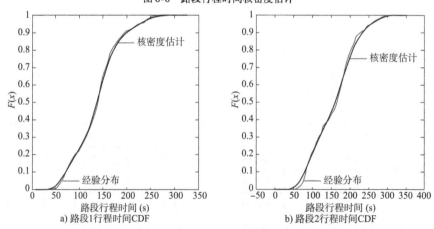

图 6-7　路段行程时间分布核密度估计

通过对路段行程时间分别进行参数回归和非参数核密度回归分析,在确定最优的 Copula 函数过程中同样是基于此两种情况。由于 Copula 函数在建模路径行程时间分布的过程中需要确定边缘分布,因此,对于依靠实测数据较强的核密度估计分布的方法,只是用来和参数回归分析进行比较从而确定最优的 Copula 模型。建模路径行程时间分布的过程中依然采用参数回归分析确定最优分布威布尔分布。

### 6.4.4 Copula 函数参数估计与拟合优度检验

由 $\tau = -0.164$ 知,路段 $1TT$ 和路段 $2TT$ 之间的相关关系表现为负相关。而 Copula 函数中 Gumbel Copula、Clayton Copula 和 Joe Copula 均只对正相关的随机变量适用。因此,确定使用 Frank Copula、AMH Copula、FGM Copula 和 Gaussian Copula 进行建模。对 Copula 参数进行估计,结果见表 6-5。

**不同 Copula 函数的参数估计**　　表 6-5

| $\tau$ | Frank | AMH | FGM | Gaussian |
|---|---|---|---|---|
| -0.164 | -1.51 | -0.89 | -0.74 | -0.25 |

在确定使用威布尔分布拟合路段行程时间后,需要对 Copula 函数的拟合优度进行检验,即确定最优的 Copula 函数。极大似然值、AIC 值、AD 统计量、Cramer-von Mises 统计量检验结果见表 6-6。Log likelihood 值的大小说明在相应参数下获得所选 Copula 函数可能性的大小。AIC 准则根据式(6-42)计算。AD 统计量检验是一种基于经验累积分布函数 ecdf 算法,AD 值越小,表明检验的 Copula 函数对经验数据的拟合度越好。Cramer-von Mises 统计量检验的标准是在统计量较小的前提下,p-value 越大越好。

**参数回归分析下的 Copula 拟合优度检验结果**　　表 6-6

| Segment | Goodness-of-fit statistics | Gaussian | Frank | FGM | AMH |
|---|---|---|---|---|---|
| 路段 1 和路段 2 | Log likelihood | -318.027 | -309.2638 | -309.343 | -311.513 |
| | AIC | 642.0558 | 624.5276 | 624.686 | 629.027 |
| | Cramer-von Mises | 0.0211 | 0.0251 | 0.02087 | 0.0377 |
| | p-value [1] | 0.2722 | 0.1094 | 0.2872 | 0.0175 |
| | AD | 0.7657 | 0.2543 | 0.2059 | 0.4228 |
| | p-value [2] | 0.0974 | 0.8347 | 0.8976 | 0.4550 |

注:p-value[1] 是 Cramer-von Mises 统计量的 $p$ 值,p-value[2] 是 AD 统计量的 $p$ 值。

由表 6-6 知,FGM Copula 函数满足:①较大的 Log-likelihood 和最小的 AIC 值;②$p$ 值大于 0.05 置信水平条件下,具有最小的 AD 统计量;③Cramer-von Mises 统计量较小的条件下,$p$ 值最大。因此,确定最优 Copula 函数为 FGM Copula。

对 Copula 拟合优度检验涉及统计量 AD 和 Cramer-von Mises 检验,结果见表 6-7。FGM Copula 函数具有最小的 AD 统计量和较大的 Cramer-von Mises 统计量 p-value;AMH Copula 具有最大的 Cramer-von Mises 统计量 p-value 和较小的 AD 统计量。因此,可用于建模路径行程时间的 Copula 函数中的 AMH Copula 和 FGM Copula 相对较好。

非参数回归分析下 Copula 拟合优度检验结果　　　　　表6-7

| Segment | Goodness-of-fit statistics | Gaussian | Frank | FGM | AMH |
|---|---|---|---|---|---|
| 路段1和路段2 | AD | 0.5111 | 0.5100 | 0.3655 | 0.4380 |
| | p-value[1] | 0.1713 | 0.14 | 0.3971 | 0.2463 |
| | Cramer-von Mises | 0.0190 | 0.02 | 0.0164 | 0.0161 |
| | P-value[2] | 0.4011 | 0.34 | 0.5769 | 0.5939 |

注：p-value[1] 是 Cramer-von Mises 统计量的 $p$ 值，p-value[2] 是 AD 统计量的 $p$ 值。

综合以上两种边缘分布估计方法，根据 Copula 函数的建模过程，确定最优 Copula 函数为 FGM Copula，最优边缘分布是威布尔分布。建立路径行程时间分布模型时选取 FGM Copula 描述相关性结构，采用威布尔分布拟合路段（Segment）行程时间分布。

基于 Copula 理论建模路径行程时间分布后，可仿真产生大量数据。由于观测值路段1 *TT*、路段2 *TT* 的数据对是 664 对，采用 Gaussian Copula、Frank Copula、FGM Copula 和 AMH Copula 仿真产生的数据对定为 664 对，结果见图 6-8。图 6-8 中 a)～d) 分别为 Gaussian、Frank、FGM、AMH Copula 模型仿真的样本数据，可见由 Copula 模型仿真的数据能够反映路段1和路段2行程时间的相关关系。同时，验证了 Copula 模型的优点之一，即由 Copula 模型能够仿真生成大量数据，而目前路网设施的不完善导致一些路段的交通信息参数很难获取。因此，对于具有相似物理属性和交通状态的路段，基于其中一条路段的交通信息参数，与之相似路段的交通信息参数便可通过仿真生成，这使得 Copula 模型具有较好的移植性。

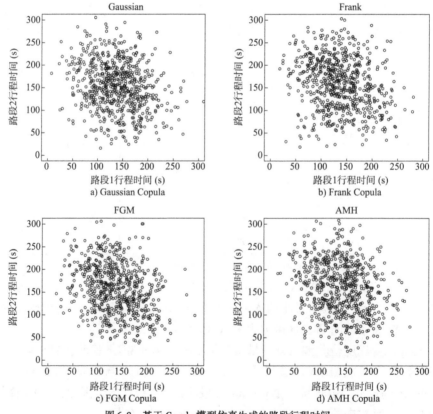

图 6-8　基于 Copula 模型仿真生成的路段行程时间

## 6.4.5 模型结果评价

首先分析路径行程时间分布估计结果,路径行程时间分布的估计通常有两种方法:

(1)根据历史数据进行分布拟合,即用确定分布拟合实际路径行程时间,通过统计量检验判断最优的行程时间分布。

(2)根据已有观测数据,通过建模路径行程时间分布预测行程时间,通过统计量检验判断最优的行程时间预测模型。

路径行程时间分布拟合:首先选用传统的单峰分布模型(正态分布、对数正态分布、伽马分布、威布尔分布)拟合路径行程时间分布。考虑到核密度估计为严格依据实际数据的非参数拟合曲线,可在比较各分布的拟合效果时参考。图 6-9a)中给出了核密度估计曲线,与传统的单峰分布拟合相比,高斯混合分布模型引起众多学者的关注,因此引入非单峰高斯混合分布进行对比。图 6-9 所示即为各分布拟合的概率密度图和累积分布曲线。

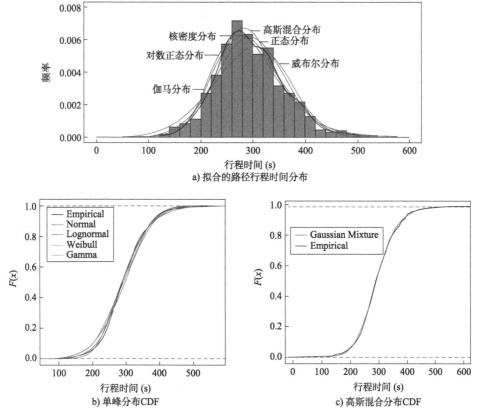

图 6-9 路径行程时间分布拟合曲线

由图 6-9a)可见,高斯混合分布和伽马分布的概率密度曲线与核密度估计曲线较为接近。为了更好地对比单峰分布与非单峰高斯混合分布的拟合效果,分别给出单峰分布与非单峰高斯混合分布的累积分布曲线,如图 6-9a)、c)所示。由图 6-9b)可见威布尔分布的拟合效果较差,而伽马分布的累计分布曲线与经验分布曲线较为接近。基于 Log likelihood 值、AIC 准则和 BIC 准则,综合对比单峰分布伽马分布和高斯混合分布的拟合效果,结果见表 6-8。

路径行程时间各拟合曲线的 Log-likelihood、AIC、BIC 值　　　　表 6-8

| 分布类型 | Log-likelihood | AIC | BIC |
| --- | --- | --- | --- |
| 威布尔分布 | -3734.31 | 7472.629 | 7481.625 |
| 正态分布 | -3713.13 | 7430.259 | 7439.256 |
| 对数正态分布 | -3717.83 | 7439.654 | 7448.651 |
| 伽马分布 | -3709.53 | 7423.067 | 7432.063 |
| 高斯混合分布（含2个组件） | -3705.09 | 7414.180 | 7423.183 |

较大的 Log-likelihood 值和较小的 AIC、BIC 值说明分布拟合结果较好。由表 6-8 知,高斯混合分布(含 2 个组件)的 Log-likelihood 值最大,AIC、BIC 值最小。因此,在拟合模型中最优的路径行程时间拟合线型是高斯混合分布(含 2 个组件)。

在拟合路段行程时间分布时,可以发现路段行程时间具有明显的非单峰分布现象,行程时间分布受交叉路口信号控制的影响明显;而对于整条路径而言,行程时间分布则近似接近单峰分布,这是因为随着交叉路口数目的增加,信号控制干道的行程时间分布波动较大,而且干道上某处产生的拥堵状况对路径行程时间分布的影响相较短路段并不明显。

路径行程时间分布预测:主要比较 FGM Copula 模型和卷积(Convolution)模型预测的路径行程时间分布。图 6-10 展示了基于 FGM Copula 模型和卷积模型建立的路径行程时间分布的概率密度直方图、概率密度直方图和累积分布图,可见在预测行程时间分布的模型中 Copula 模型和经验分布更为接近。

路径行程时间分布 K-S 检验:为了更好地对比各模型的拟合效果,运用 K-S 统计量检验不同模型确定的路径行程时间分布的拟合结果。K-S 检验的原理为:比较一个频率分布 $f(x)$ 与理论分布 $g(x)$ 或者两个观测值分布的检验方法。其原假设 H0:两个数据分布一致或者数据符合理论分布。$D = \max |f(x) - g(x)|$,当实际观测值 $D > D(n,\alpha)$,则拒绝 H0,否则接受 H0 假设。判断标准为,在接受原假设的基础上,以 p-value 为主要检验标准,ks stat 辅之。p-value 越大,ks stat 越小说明模型拟合优度越好。K-S 检验结果见表 6-9。

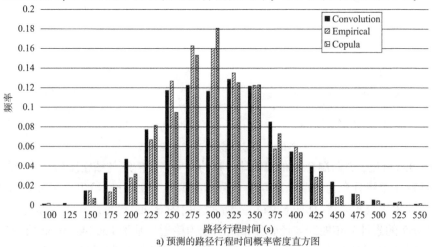

a) 预测的路径行程时间概率密度直方图

图 6-10

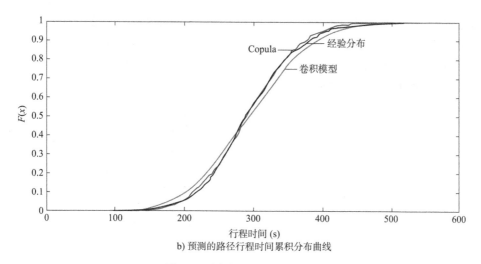

b) 预测的路径行程时间累积分布曲线

图6-10　路径行程时间分布的预测

**真实 *TTD* 和估计 *TTD* 的 K-S 统计量**　　　　　　　　　　　　　　　　表6-9

| 分布类型 | K-S Test | | |
|---|---|---|---|
| | $h$ | p-value | ks stat |
| FGM Copula | 0 | 0.8537 | 0.0331 |
| 卷积 | 1 | 0.0079 | 0.0643 |
| 高斯混合分布（含2个组件） | 0 | 0.4236 | 0.0482 |

注：$h=0$ 表示接受该模型，$h=1$ 表示拒绝该模型。

由表6-9可见，在预测模型中忽略路段相关性的卷积模型在确定路径行程时间分布时不能通过 K-S 检验，而 FGM Copula 模型的 p-value 较大，拟合效果较好；拟合模型中确定的最优高斯混合分布虽然可以通过 K-S 检验，但相对于 FGM Copula 模型，p-value 较小，ks stat 较大，表明 FGM Copula 模型能够较好地反映实际的路径行程时间分布规律。

传统拟合模型在拟合路径行程时间分布时要求实际的路径行程时间已知，即完全依赖于历史数据；而 FGM Copula 模型是根据历史数据预测未知的路径行程时间，能够为出行者提供可靠的出行建议，为交通管理者在规划路网和管理交通方面给出参考，FGM Copula 模型显然更具有实际意义。不同的路径可能具有不同的分布形式，基于高斯混合分布拟合路径行程时间的方法移植性较差；而 Copula 模型可以结合不同路段，建立不同路径行程时间的分布规律，具有很好的移植性，完善了路网可靠性的评价方法。

路段行程时间分布确定后，标定 Copula 函数便可进行可靠度的计算。首先，计算路段行程时间可靠度，即计算路段1和路段2的行程时间可靠度；其次，分两种情况计算路径行程时间可靠度，分别计算不考虑路段相关性的行程时间可靠度和考虑路段相关性的路径行程时间可靠度。

由于整条路径（长安路—胶州路）总长1.8km，其中路段1（长安路—陕西北路）全长991m，路段2（陕西北路—胶州路）全长813m，此段干道的限速为40km/h。所以，路段1的自由行程时间为73s，路段2的自由行程时间为89s，总路径的自由行程时间为162s。给定不

同可靠度参数 $\lambda$ 下,通过敏感度分析,对考虑和不考虑路段相关性以及实际观测值中的行程时间可靠度进行比较,结果见表 6-10。$\lambda$ 的大小反映了出行者的期望行程时间标准,$\lambda$ 越小,表明出行者对于指定路径的期望行程时间越小,即希望在较短时间内通过指定路径;反之,表明出行者对于指定路径的期望行程时间较大,即在指定路径出行者可以允许较长时间通过该路径。

路径行程时间可靠度计算结果　　　　表 6-10

| 参数 $\lambda$ | 路径行程时间可靠度 | | | |
| --- | --- | --- | --- | --- |
| | Empirical | 卷积 | 路段不相关(串联) | FGM Copula |
| $\lambda = 1.5$ | 0.2003 | 0.2544 | 0.1080 | 0.2169 |
| $\lambda = 1.6$ | 0.2967 | 0.3339 | 0.1465 | 0.3012 |
| $\lambda = 1.7$ | 0.4111 | 0.4114 | 0.1926 | 0.3916 |
| $\lambda = 1.8$ | 0.5169 | 0.4859 | 0.2451 | 0.5120 |
| $\lambda = 1.9$ | 0.6024 | 0.5619 | 0.3162 | 0.6084 |
| $\lambda = 2.0$ | 0.7018 | 0.6506 | 0.3885 | 0.6973 |

由表 6-10 可知,路径行程时间可靠度随着 $\lambda$ 的增加而增大。比较考虑与不考虑路段相关性时路径行程时间可靠度的计算结果可知,当不考虑路段相关性时,路径行程时间可靠度会被低估。因此在计算路径行程时间可靠度时,应考虑路段相关性。

第一,传统假设路段不相关的串联模型计算出的路径行程时间可靠度结果很大程度上低估了路径行程时间。从出行者期望准时到达目的地的角度来说,出行者既不希望过早到达目的地,也不希望迟到,过分低估路径行程时间可靠度极大浪费了出行者的出行时间。因此,干道虽然表现为若干个交叉路口与相接路段组合在一起的拓扑结构,但传统路网可靠性串联理论由于缺乏对随机交通流与信号控制作用机制的解析,并不适宜迁移于干道行程时间可靠性的评估。

第二,当 $\lambda \leqslant 1.7$ 时,即期望的路径行程时间小于或等于 276s 时,假设多路段(Segment)行程时间服从独立同分布的卷积模型计算出的路径行程时间可靠度与 Copula 模型相比,高估了路径行程时间可靠度,即认为在指定时间内一定可以到达目的地,这种情况容易误导出行者以至于不能在规定的时间内到达目的地。当 $\lambda > 1.7$ 时,卷积模型计算出的行程时间可靠度要小于实际路径行程时间的可靠度,Copula 模型计算出的行程时间可靠度依然和实际的路径行程时间可靠度较为接近。

第三,总体而言,基于 Copula 模型估计的路径行程时间可靠度较为准确。但需要注意的是,研究路径涉及多个信号控制交叉路口,不确定性因素较多,只讨论到 $\lambda = 2$ 的情况,可靠度可达到 70% 左右。

## 参 考 文 献

[1] Zou Y, Zhang Y. A copula-based approach to accommodate the dependence among microscopic traffic variables[J]. Transportation Research Part C: Emerging Technologies, 2016,

70：53-68.
[2] Embrechts P, McNeil A, Straumann D. Correlation and dependence in risk management：properties and pitfalls[J]. Risk Manage：value at risk and beyond, 2002, 1：176-223.
[3] Kendall M, Gibbons J. Rank correlation methods[M], 1948.
[4] Kim G, Silvapulle, Silvapulle P. Comparison of semiparametric and parametric methods for estimating copulas[J]. Computational Statistics and Data Analysis, 2007, 51(6)：2836-2850.
[5] Bhaskar A, Chung E, Dumont A. Integrating cumulative plots and probe vehicle for travel time estimation on signalized urban network[C]. The 9th Swiss Transport Research Conference, MonteVarita, 2009.
[6] 杜春燕,马洪伟,周溪召. 基于 Edgeworth 级数的行程时间可靠性的计算与实证[J]. 公路交通科技,2015,07：127-133.

# 第7章 基于区域划分的路网行程时间可靠性建模与分析

目前路网层面的行程时间可靠性研究常假设路网整体交通状态均质,忽略不同交通运行状态下行程时间可靠性内在的差异,导致宏观评价存在较大偏差。鉴于此,本章充分考虑路网交通运行状态的空间异质性,将路网划分为多个内部状态相近的区域,通过对各个区域行程时间可靠性的细化评估,剖析路网行程时间可靠性演化特征及规律,为精细化城市交通管理与控制提供客观依据。

具体而言,基于路网卡口电警数据估计各路段交通流量与交通密度状态参数,构建路网交通宏观基本图,分析研究时段内路网交通运行状况。对于拥堵路网,使用 ArcGIS 的核密度分析方法,研判交通拥堵空间分布的异质性;基于复杂网络理论将路网抽象为加权无向图,分别使用 Ncut 谱聚类算法与 Fast_Unfolding 社区发现算法进行初始区域划分;对初始区域划分结果使用改进的 Newman 快速算法进行区域合并,确定最终分区结果;分别对各均质区域的行程时间可靠性进行评价。

## 7.1 交通运行状态估计

随着人工智能技术的进步,视频识别技术发展成熟,基于车牌识别的交通信息采集系统在国内越来越多的城市得到应用,电子警察系统(简称电警系统)是车牌自动识别系统的典型应用,在城市路网范围内各交叉路口广泛布设。电警数据蕴含丰富的交通信息,数据量大,可对车辆行驶轨迹进行追踪,并且能够实时反映当前道路运行状况。基于上述优点,选用浙江省嘉兴市桐乡市辖镇主城区路网电警数据作为原始交通数据来源,计算各路段的交通运行参数,并基于交通运行参数将一天划分为多个研究时间段。

### 7.1.1 交通密度估计

Edie 首次提出用于表示单个道路设施上的交通流量、交通密度的广义定义[1,2],在二维时空图中计算如下:

$$q(A) = \frac{d(A)}{|A|} \tag{7-1}$$

$$k(A) = \frac{t(A)}{|A|} \tag{7-2}$$

其中,$q(A)$,$k(A)$ 分别表示区域 $A$ 内的交通流量及交通密度参数;$d(A)$、$t(A)$ 分别表示区域 $A$ 内的所有车辆的总行驶距离和所有车辆的总行驶时间;$|A|$ 表示研究区域的面积。

Cassidy 等[3]对 Edie 的广义定义进行了改进,将二维时空图拓展至三维时空图,将定义的应用范围拓展至路网。Saberi 和 Mahmassani 等[4]使用轨迹估计网络范围的交通运行参数,提出基于拓展 Edie 定义的广义网络交通流参数计算:

$$Q(\omega) = \frac{d(\omega)}{L(\omega) \times \Delta t} \quad (7\text{-}3)$$

$$K(\omega) = \frac{t(\omega)}{L(\omega) \times \Delta t} \quad (7\text{-}4)$$

其中,$Q(\omega)$,$K(\omega)$ 分别表示研究范围内的交通流量及交通密度参数;$d(\omega)$,$t(\omega)$ 分别表示研究范围内所有车辆的行驶距离及行驶时间;$L(\omega)$ 表示研究范围内路段的长度;$\Delta t$ 表示时间间隔。

基于电警数据虽然无法确定车辆具体的行驶轨迹,但可根据车辆通行时刻,应用 Saberi 和 Mahmassani 提出的方法计算交通运行参数。以 5min 为时间间隔估计路网中各路段的交通状态参数。路段 $j$ 的交通流量 $q_j(\Delta t)$ 为在一定时间间隔内通过路段 $j$ 末端的车辆数,交通密度计算如下:

$$k_j(\Delta t) = \frac{\sum_{i=1}^{m} tt'_{ij}}{l_j \times \Delta t}, \Delta t = t_2 - t_1 \quad (7\text{-}5)$$

其中,$\Delta t$ 表示时间间隔;$t_1$,$t_2$ 分别表示时间间隔开始时间和结束时间;$k_j(\Delta t)$ 表示时间间隔内路段 $j$ 的交通密度参数;$tt'_{ij}$ 表示时间间隔内车辆 $i$ 在路段 $j$ 上的实际行驶时间;$m$ 为车辆数。

一定时间间隔内车辆在路段上存在如图 7-1 所示的三种轨迹类型。为了保证准确计算路段的交通密度,对车辆在路段上行驶的时间进行修正,具体可分为以下三种情况。

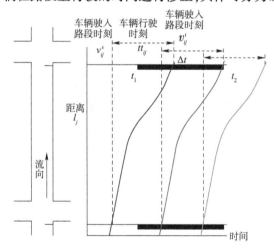

图 7-1 一定时间间隔内车辆的可能轨迹

情况一:车辆 $i$ 在 $\Delta t$ 开始前驶入路段 $j$,在 $\Delta t$ 内驶出路段 $j$,在时间间隔 $\Delta t$ 的行程时间为:

$$tt_{ij} = v^t_{ij} - t_1, t_1 \leqslant v^t_{ij} \quad (7\text{-}6)$$

情况二:车辆 $i$ 在 $\Delta t$ 内驶入并驶出路段 $j$,在时间间隔 $\Delta t$ 的行程时间为:

$$tt_{ij} = v^t_{ij} - v^s_{ij} \quad (7\text{-}7)$$

情况三:车辆 $i$ 在 $\Delta t$ 内驶入路段 $j$,在 $\Delta t$ 结束前未驶出路段 $j$,在时间间隔 $\Delta t$ 的行程时间为：

$$tt_{ij} = t_2 - v_{ij}^s, t_2 > v_{ij}^s \tag{7-8}$$

其中，$t_1$，$t_2$ 分别为时间间隔 $\Delta t$ 开始时间和结束时间；$v_{ij}^s$，$v_{ij}^t$ 分别为车辆 $i$ 驶入路段 $j-1$ 停止线以及驶出路段 $j$ 停止线的时刻。

根据电警数据中车辆通过卡口的时刻，以及路网地图中各路段的长度，可根据以上步骤计算一定时间间隔内路网中任意路段的交通密度参数。

### 7.1.2 研究时段划分

基于路网范围内路段的交通流量及交通密度参数，使用 Mahmassani[5] 提出的方法计算路网加权平均交通流量及加权平均交通密度参数，消除路段长度对交通流量、交通密度参数的影响，表征研究时段内路网的交通运行状态：

$$Q = \frac{\sum_{i=1}^{M} l_i q_i}{\sum_{i=1}^{M} l_i} \tag{7-9}$$

$$K = \frac{\sum_{i=1}^{M} l_i k_i}{\sum_{i=1}^{M} l_i} \tag{7-10}$$

其中，$Q$ 为路网平均交通流量；$K$ 为路网平均交通密度；$q_i$，$k_i$ 分别为研究时段各路段的交通流量及交通密度参数；$l_i$ 表示路段 $i$ 的路段长度；$M$ 表示路网的总路段数量。该指标消除了不同路段长度对路段交通流量、交通密度参数的影响，表征路网整体交通运行状态。

基于预处理后的电警数据，计算周一至周日以 5min 为时间间隔的路网平均交通流量，并绘制交通流量变化折线图，如图 7-2 所示。

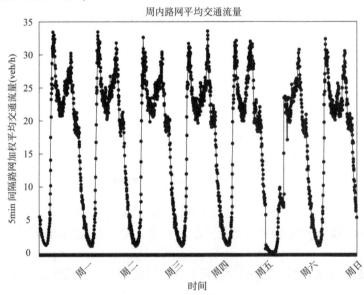

图 7-2 一周交通流量变化图

根据一周交通流量变化折线图可知，工作日与非工作日交通流量数据存在明显差异。

工作日上午和下午交通流量存在明显峰值,且上午交通流量峰值大于下午的交通流量峰值。非工作日上午无明显早高峰,下午存在晚高峰。具体原因为工作日早高峰期间,上学、上班等出行较为集中,而下午学生放学等出行与下班等出行错开,因此晚高峰的峰值普遍低于早高峰。以30min为时间间隔的工作日平均路网交通流量及非工作日平均路网交通流量变化如图7-3所示。

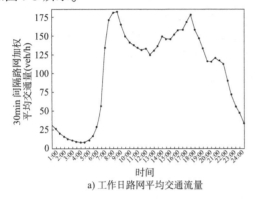
a) 工作日路网平均交通流量

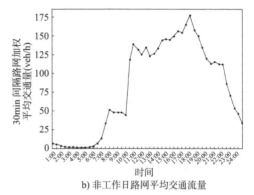
b) 非工作日路网平均交通流量

图7-3 路网加权平均交通流量

高峰时段为一天内交通拥堵最为严重的时间段,平峰时段为交通运行畅通稳定的时间段。根据一周内工作日同一时间段的路网平均加权交通流量划分研究时段,划分结果见表7-1。

研究时段划分    表7-1

| 交通状态 | 时段 |
| --- | --- |
| 工作日高峰 | 8:00—8:30;17:30—18:00 |
| 工作日平峰 | 11:30—12:30 |
| 非工作日高峰 | 17:30—18:00 |

## 7.2 基于宏观基本图的路网区域划分方法

本节提出基于宏观基本图的城市路网区域划分方法。首先,使用路网宏观基本图配合核密度分析方法,判别路网交通拥堵空间分布异质性。其次,基于复杂网络理论对城市交通网络进行抽象,根据路段的空间位置关系构建无向图,并提出边权计算公式,根据路段交通密度参数计算无向图边权。最后,对于异质性路网,分别使用社区划分算法和谱聚类算法对高峰时期和非高峰时期路网进行初始区域划分,使用改进的Newman快速算法进行区域合并获得区域划分结果;对于非异质性路网,分析是否有必要对其进行区域划分。实验使用的数据来自桐乡市主城区路网及电警数据,使用不同分区算法对异质性路网进行区域划分,并使用路网区域划分效果评价指标对不同算法的性能进行评价。

### 7.2.1 城市路网异质性判别

空间异质性(Spatial Heterogenelty)概念首先在生态学中提出,指生态过程和格局在空间分布上存在不均匀性及复杂性,群落的环境非均匀一致,即存在多样的小环境,允许多种物种共存[6]。城市道路网络中,特别是在出行高峰期,由于出行分布及各道路通行能力不同,路网中分布存在多样化的交通运行状况,即路网空间异质性(简称路网异质性)。以 5min 为时间间隔计算研究时段内各路段的交通流量、密度参数,分别绘制工作日高峰时段和平峰时段的路网交通宏观基本图,如图 7-4 所示。

部分关于宏观基本图影响因素的研究认为[7-11],当路网中交通拥堵形成—交通拥堵消散时会产生如图 7-4a)中所示的"滞回现象",同时也有研究认为交通密度的空间分布是影响宏观基本图的关键因素,"滞回现象"形成的主要原因是路网中交通密度空间分布不均匀。工作日在上午 8 时达到交通流量的最大值,此时路网系统处于交通拥堵状态,之后网络进入流量卸载的阶段,路网系统开始恢复,路网交通流量下降。同时,随着中午出行需求增加,路网交通流量再次出现如图 7-4b)中所示的上升趋势。

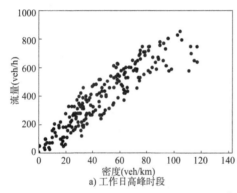
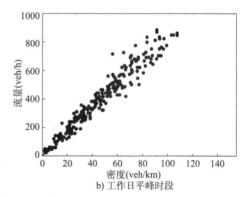

图 7-4 工作日路网宏观基本图

邹海翔[12]使用核密度估计方法分析路网交通拥堵的空间异质性,该方法具有良好的可视化效果,能够直观表现交通拥堵的空间分布特征。因此,使用 ArcGIS 基于线要素的核密度分析方法,研究分析在工作日高峰时期路网中交通拥堵分布是否具有空间异质性,结果如图 7-5 所示。颜色由浅到深表示交通拥堵程度增加,浅色为畅通,深色为拥堵,可以发现路网中局部区域较为拥堵。

研究发现工作日高峰时段(8:00—8:30)内路网系统局部处于拥堵状态,同时路网中交通拥堵分布具有空间异质性,如果将其作为一个均质稳定的整体进行行程时间可靠性研究将产生误差,因此有必要对其进行区域划分,并对划分后获得的均质区域分别进行行程时间可靠性评估。

### 7.2.2 路网无向图构建

自然界中存在的大量复杂系统均可用网络加以描述,网络是由许多节点和节点之间的边组成,用节点表示真实系统中的个体,边表示个体之间的关系。Watts 和 Strogatz[13,14]于 1999 年分别揭示了复杂网络的小世界特征和无标度性质,并对特征产生机理建立模型阐述,此后对于复杂网络的研究逐渐

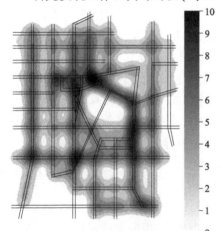

图 7-5 工作日高峰时段交通密度空间分布

展开。2004年,戴汝为院士[15]首次在国内提出"复杂网络"概念,并深入了解复杂网络包含的小世界、自组织、无标度等特性。复杂网络模型在众多科学领域得到了广泛的应用,研究证明交通运输网络亦具有小世界及无标度等复杂网络特性[16]。近年越来越多学者将复杂网络应用于交通领域[17-20],证明了其在交通网络研究中的应用价值。基于复杂网络理论,以目标路网中的空间位置关系构建无向图,并根据路段交通密度参数计算各个节点之间边的权重。

将城市道路网络构建为无向图 $G$,节点 $i$ 对应道路网络中的路段,边表示路段之间的交叉路口,并根据路段间的空间位置关系构建邻接关系。每个节点 $i$ 具有路段 $i$ 某一时间对应的交通密度参数 $d_i$,使用两条平行的无向路段表示双向道路。路段 $i$、$j$ 之间的空间距离使用无向图中节点 $i$、$j$ 之间的最短路径 $r(i,j)$ 长度表示。图 $G$ 的邻接矩阵 $a(i,j)$ 表示路段 $i$ 与路段 $j$ 的邻接关系,当且仅当两节点相邻时其值为1,反之则为0,表示如下:

$$a(i,j) = \begin{cases} 1, 链路\ i、j\ 相邻 \\ 0, 链路\ i、j\ 不相邻 \end{cases} \quad (7\text{-}11)$$

根据相邻矩阵使用 Dijkstra 最短路算法计算两节点之间的最短路,因此最短路为两节点间必经边的集合。空间阈值可用于确定两个路段之间的边权,当路段之间的最短路距离超过设定的空间阈值后,将两条路段视为不相连,路段间边权为0。因此,为保证最终分区结果的紧凑性,需要设定合理的空间阈值,当空间阈值过高时可能产生区域结构不紧密的集群,将空间阈值设定为1,提出边权计算公式:

$$A(i,j) = \begin{cases} \exp(-\alpha(d_i-d_j)^2), r(i,j)=1 \\ 0, \qquad\qquad\qquad r(i,j)=0 \end{cases} \quad (7\text{-}12)$$

其中,$A(i,j)$ 表示节点 $i$、$j$ 之间的边权;$d_i$,$d_j$ 表示路段 $i$、$j$ 某一时间的交通密度参数;$\alpha$ 为惩罚系数,用于放大节点之间的交通密度差异,进一步提升分区算法性能。

使用高斯概率分布函数计算边权,当两路段具有不同的交通拥堵水平时,可以给路段间交通密度差异较高的惩罚,放大节点间的交通密度差异,提高分区方法的灵敏度。

### 7.2.3 初始区域划分方法

在交通拥堵期间路网交通拥堵分布具有空间异质性,为了提高路网行程时间可靠性估计精度,对该时段路网进行区域划分。基于复杂网络理论将路网抽象为加权无向图,在复杂网络中,各个节点通过节点间关联关系构成了整个网络系统,在该网络中,部分节点之间的连接较为紧密,部分节点之间的连接较为稀疏。连接较为紧密的部分可以看作一个社区,而社区之间的连接则相对稀疏,即为社团结构。在网络中进行复杂网络社区划分的算法称为社区发现算法[21],通过使用社区发现算法对网络进行划分可以从更宏观的视角掌握网络整体情况并进行分析。

对典型社区划分算法进行综合分析对比,分别选用 Fast_Unfolding 社区划分算法,与 Ncut 谱聚类算法用于初始区域划分,并对分区结果进行评价对比,获得最优分区方案。

1) Fast_Unfolding 社区划分算法

Fast_Unfolding 社区划分算法(又称 Louvain 快速社区划分算法)于2008年由 Blondel 和 Guillaume 等提出[22],是一种多层次优化模块度的算法。模块度这一概念由 Newman 和

Girvan 首次提出[21],用于衡量社区发现算法结果的质量,描述社区的紧密程度,同时也用于评估社区划分的全局优化函数。模块度物理含义是社区内节点的连边数与社区间连边数的差值,取值范围为(-1,1),表达式如下:

$$Q = \frac{1}{2m}\sum_{i,j}\left(A_{ij} - \frac{k_i k_j}{2m}\right)\delta(c_i, c_j) \tag{7-13}$$

其中,$A_{ij}$ 表示节点 $i$ 与节点 $j$ 之间边的权重;$k_i = \sum_j A_{ij}$ 是与节点 $i$ 相连的边的权重之和;$m = \frac{1}{2}\sum_{ij}A_{ij}$ 为所有边的权重之和;$c_i$、$c_j$ 分别表示节点 $i$、$j$ 被分配到的社区;$\delta(c_i, c_j)$ 判断节点 $i$、$j$ 是否被分配到同一个社区,若是,则返回1,若否,则返回0。

对一个包含 $n$ 个节点的加权网络进行划分,算法共分为两个迭代过程。首先,将网络中的每个节点看作一个独立社区,此时社区数目等于节点数目。

(1)第一阶段。进行社区间的节点转移,依次尝试将节点 $i$ 分配给邻接节点所在社区,并计算将节点 $i$ 从其所在社区移除前后模块度的增益值,当且仅当增益值为正值时,将节点 $i$ 分配到模块度增益值最大的邻接社区中。若模块度增益值为负值时,则不对节点 $i$ 所在社区进行调整,其中模块度增益值的计算如下:

$$\Delta Q = \left[\frac{\sum_{in} + 2k_{i,in}}{2m} - \left(\frac{\sum_{tot} + k_i}{2m}\right)^2\right] - \left[\frac{\sum_{in}}{2m} - \left(\frac{\sum_{tot}}{2m}\right)^2 - \left(\frac{k_i}{2m}\right)^2\right] \tag{7-14}$$

其中,$\sum_{in}$ 表示社区 $c$ 内所有边的权重之和;$\sum_{tot}$ 表示与社区 $c$ 内节点连接的边的权重之和,包括社区内部和外部的边;$k_{i,in}$ 表示与节点 $i$ 与社区 $c$ 内部的节点连接的权重之和。

将以上过程重复用于所有节点,并进行节点转移评估,直至所有节点所属社区不再发生变化,第一阶段完成,此时模块度值达到局部最大值。

(2)第二阶段。对原网络进行重构。将第一阶段发现的社区作为网络节点建立新网络,新节点之间权重的计算则根据 Arenas 和 Duch 提出的方法[23],使用两社区之间连接边的权重之和进行计算。

第二阶段完成后,将第一阶段应用于重构后的加权网络中进行迭代。社区数目通过两个阶段的迭代循环不断减少,直至模块度不再发生变化并达到最大值时,完成初始区域划分。

2)Ncut 谱聚类算法

Ncut 谱聚类算法属于社区划分算法全局划分方法中的谱方法,2000 年由 Shi 和 Malik 提出[22],最初用于图像分割,方法不关注局部特征或个别细节,划分重点在于提取图像的全局印象。Ji[24] 首先使用 Ncut 谱聚类算法进行路网区域划分。作为经典路网分区方法,后续不断有学者将该方法应用于路网区域划分中,证明其在路网区域划分中的应用价值,以下同样将该经典方法应用于初始路网区域划分中。

对路网进行区域划分的主要思想是将路段看作图像中的一个像素点,路段的交通密度属性对应像素点强度,相邻节点间使用边连接,两相邻节点间交通密度差异越大,两点之间的边权值越小,通过对所有路段组成的图进行切割,使切割后不同区域间边权之和尽可能低,区域内边权之和尽可能高,从而实现聚类,算法实现的具体步骤如下:

(1)步骤一。基于加权无向图构建邻接矩阵 $W$,当两节点间有边相连时 $w_{ij} > 0$,当两节点

间没有边相连时$w_{ij}=0$,即当且仅当两节点相邻时节点间存在邻接值$w_{ij}$,邻接矩阵$W$的定义如下:

$$w_{ij} = \begin{cases} A_{ij}, & \text{节点}\ i,j\ \text{相邻} \\ 0, & \text{节点}\ i,j\ \text{不相邻} \end{cases} \tag{7-15}$$

其中,$A_{ij}$表示节点$i,j$之间的边权;$W$为$n \times n$($n$为无向图中节点个数)的矩阵。

(2)步骤二。使用邻接矩阵$W$计算度矩阵$D$,节点度的定义为与节点相连的所有边的权重之和,对于图中的任意一个节点有:

$$d_i = \sum_{j=1}^{n} w_{ij} \tag{7-16}$$

其中,$i$为路段$i$对应的节点;$d_i$为该节点对应的节点度。

基于度的定义,获得大小为$n \times n$的对角矩阵,对角线上的值对应各个节点的度数,表示如下:

$$D = \begin{bmatrix} d_1 & \cdots & \cdots & 0 \\ 0 & d_2 & \cdots & 0 \\ \vdots & \vdots & \ddots & \vdots \\ 0 & 0 & 0 & d_n \end{bmatrix} \tag{7-17}$$

(3)步骤三。基于邻接矩阵$W$和度矩阵$D$计算拉普拉斯矩阵:

$$L = D - W \tag{7-18}$$

(4)步骤四。Shi等[22]研究认为第二小特征值对应的特征向量是Ncut切割问题的实值解,基于拉普拉斯矩阵第二小特征值对应的Fiedler向量进行分割,根据向量中各个节点对应的数值对网络进行分割,具体使用Fiedler分割中的"0分法"对向量进行分割,以0为分界线,根据向量中节点对应数值是否大于0进行划分。

(5)步骤五。每次分割后将增加一个新的分区,迭代以上过程,直至划分的区域数目达到期望区域数。

### 7.2.4 区域合并算法

初始区域划分算法可以提供良好的初始分区结果,但是存在过度分割可能无法产生最佳的分区结果,因此需要对初始区域划分结果使用区域合并算法进行合并,对划分结果进一步优化。采用层次聚类算法中的Newman快速算法对初始区域分区结果进行合并,传统Newman快速算法用于无权网络,因此对其模块度函数进行改进,使其可应用于加权网络。

对初始化区域划分结果进行网络重构,将每个区域作为一个节点,根据区域间的相邻关系构建邻接矩阵,当且仅当两区域相邻、两节点相邻时其值为1,反之则为0,表示如下:

$$a(i,j) = \begin{cases} 1, \text{节点}\ i,j\ \text{相邻} \\ 0, \text{节点}\ i,j\ \text{不相邻} \end{cases} \tag{7-19}$$

为了保证合并后区域的紧密性,根据区域邻接关系计算两区域之间连边权重:

$$W_{ij} = \begin{cases} \exp(-(u_i - u_j)^2), & \text{子区}\ i,j\ \text{相邻} \\ 0, & \text{子区}\ i,j\ \text{不相邻} \end{cases} \tag{7-20}$$

其中，$u_i$ 为区域 $i$ 包含路段的交通密度均值，使用高斯概率分布模型放大两区域之间交通密度均值的差异。

较高的模块度值代表良好的社区划分结果，通过优化模块度可以找到较好的划分，模拟退火算法、遗传算法等均可实现近似优化。2004 年，Newman[25] 提出了一种基于标准贪婪算法的模块度优化方法，该方法在初始阶段将每个节点作为一个社区，将节点和与其相连的节点成对结合在一起，每次迭代选择模块度值增加最大或减小最小的方案，重复该过程直至所有节点属于同一个社区。其过程可以表示为树状图，不同的层具有不同的模块度值，对其进行切割可获得不同的社区数量的划分结果，选择模块度值最大的层进行切割获得最佳区域划分结果。算法在社区合并前后的模块度增量计算如下：

$$\Delta Q = 2(e_{ij} - a_i a_j) \tag{7-21}$$

其中，$e_{ij}$ 表示连接社区 $i$ 和社区 $j$ 的边的数量占网络中总边数的比例；$a_i$ 表示与社区 $i$ 连接的所有节点的比例，有 $a_i = \sum_j e_{ij}$。

原始 Newman 快速算法仅基于节点是否相连对网络进行划分，通常用于无权无向图中。但在实际应用中，复杂网络中各个节点之间的连接并非简单的布尔关系，各节点间关联程度存在差异，并具有不同的耦合强度。如果忽略复杂网络中各个节点之间的关联强度，仅以是否关联作为划分依据进行网络划分，结果将产生偏差。因此，改进原始 Newman 快速算法，将其适用范围推广至加权网络。对算法中的模块度增量计算函数中的参数重新定义，将其应用于考虑节点间交通密度差异的区域合并中：

$$e_{ij} = \begin{cases} \dfrac{W_{ij}}{\sum_{i,j} W_{ij}}, & \text{节点 } i,j \text{ 相邻} \\ 0, & \text{节点 } i,j \text{ 不相邻} \end{cases} \tag{7-22}$$

$$a_i = \dfrac{\sum_j W_{ij}}{\sum_{i,j} W_{ij}} \tag{7-23}$$

其中，$W_{ij}$ 表示两节点之间的边权。

基于重定义后的模块度增量函数计算节点合并后的模块度增量，选择模块度增量最大的节点合并方案，迭代该过程直至网络中仅包含一个社区，选取模块度最大的社区结构作为最终的区域划分结果。

## 7.3 路网区域划分实例研究

### 7.3.1 路网区域划分效果评价指标

为了评价不同的区域划分算法的分区效果并确定最佳区域个数，引入两个区域划分评价指标对不同的区域划分方法进行评价。

首先，Ji 和 Geroliminis[24] 在其研究中引用度量指标：平均集群相似度指标（Average NcutSilhououette，ANS）[26]，其值为区域内（每个区域内）路段密度的相似度与区域间（不同区域之间）路段密度的相似度的比值，使用该指标评价交通拥堵程度不同的区域的分离程度，判断其是否得到有效的划分。同时，该指标可以用于确定最佳区域划分数目，取值区间为

$[0,1]$,其值越小,证明区域间交通密度差异越大,表明交通拥堵具有空间异质性的路网得到了有效划分。集群相似度计算及推导过程如下:

$$NS_k(A,B) = \frac{\sum_{i \in A}\sum_{j \in B}(d_i - d_j)^2}{N_A N_B} = \frac{\sum_{i \in A}\sum_{j \in B}d_i^2 + \sum_{i \in A}\sum_{j \in B}d_j^2 - 2\sum_{i \in A}\sum_{j \in B}d_i d_j}{N_A N_B}$$

$$= \frac{\frac{N_A N_B}{N_A}\sum_{i \in A}d_i^2 + \frac{N_A N_B}{N_B}\sum_{j \in B}d_j^2 - 2\frac{N_A \sum_{i \in A}d_i N_B \sum_{j \in B}d_j}{N_A \cdot N_B}}{N_A N_B}$$

$$= \frac{N_A N_B \left(\frac{\sum_{i \in A}d_i^2 - \sum_{i \in A}u_A^2}{N_A}\right) + N_A N_B \left(\frac{\sum_{j \in B}d_j^2 - \sum_{j \in B}u_B^2}{N_B}\right) + N_B \sum_{i \in A}u_A^2 + N_A \sum_{j \in B}u_B^2 - 2N_A N_B u_A u_B}{N_A N_B}$$

$$= \frac{N_A N_B(\text{var}(A) + \text{var}(B) + u_A^2 + u_B^2 - 2u_A u_B)}{N_A N_B} = \text{var}(A) + \text{var}(B) + (u_A - u_B)^2$$

(7-24)

其中,$k$ 为区域划分数目;$d_i$,$d_j$ 分别为区域 $A$ 和区域 $B$ 包含的路段的交通密度参数;$N_A$,$N_B$ 分别为区域 $A$ 和区域 $B$ 包含的路段数目;$u_A$,$u_B$ 分别为区域 $A$ 和区域 $B$ 的平均交通密度,$\text{var}(A)$,$\text{var}(B)$ 分别为区域 $A$ 和区域 $B$ 的交通密度方差。

$$NS_k(A) = \frac{NS_k(A,A)}{NS_k(A,B)} = \frac{2\text{var}(A)}{\text{var}(A) + \text{var}(B) + (u_A - u_B)^2} \tag{7-25}$$

该指标用于评价区域 $A$ 划分是否正确,区域 $A$ 可能存在多个相邻区域,考虑分区的空间紧凑性,选取与区域 $A$ 最相似的邻接区域(最坏的情况)评估集群相似度,将与区域 $A$ 及其相邻的区域间的集群相似度的最小值作为 $NS_k(A,B)$ 取值。当 $NS_k(A) < 1$ 时,表示区域 $A$ 被正确划分,整体区域划分效果可通过计算所有区域的平均集群相似度指标 $NS_k$ 表示:

$$ANS_k = \frac{\sum_{A \in C}NS_k(A)}{k} \tag{7-26}$$

其中,$C$ 表示区域集合;$k$ 表示区域数目。

其次,Saeedmanesh 和 Geroliminis[27]在其研究中提出度量指标:归一化总方差(Normalized total variance,$TV_n$),其值为分区后路网交通密度的总方差与未分区路网交通密度的总方差的比值。该指标不仅可对各个区域交通密度同质性进行评价,显示区域划分方法的性能,同样也可以用于判断最佳区域划分数量,取值区间为$[0,1]$,其值减小表示通过区域划分区域异质性得到改善,计算如下:

$$TV_n = \frac{\sum_{i=1}^{k}N_A \times \text{var}(A)}{N \times \text{var}(C)} \tag{7-27}$$

基于以上两个路网区域划分评价指标对区域划分结果进行评价,并通过评价结果对不同区域划分方法的分区性能进行对比。值得注意的是,当路网中存在仅包含一条路段的区域时,归一化总方差指标显示该区域划分结果较优,但是此时其他区域内部路段的交通密度可能存在较高的差异,判断存在偏差。因此将平均集群相似度指标作为主要参考指标,将归一化总方差指标作为次要参考指标。

### 7.3.2 场景分析

根据浙江省桐乡市实际路网 2020 年 9 月 21 日至 27 日工作日高峰时段(8:00—8:30)交通密度数据,对提出的区域划分方法性能进行测试分析。

1)惩罚系数对算法性能影响分析

基于复杂网络理论将真实路网抽象为加权无向网络,使用高斯概率分布模型并引入惩罚系数,放大节点间交通密度的差异,以提高算法的分区性能,因此首先分析不同量级的惩罚系数对算法分区性能的影响。

图 7-6 表示引入不同量级的高斯概率分布,横轴表示两节点间交通密度差值,纵轴表示某一交通密度差值对应的边权值,差值量级取小数点后两位,以图 7-6a)中差值分布范围为 0.02~0.04 为例。当惩罚系数取 100 时,路段间不同交通密度差值对应函数斜率的绝对值较小,此时两边对应的边权值较为相近;当惩罚系数取 1000 时,路段间不同交通密度差值对应函数斜率的绝对值增大,同时两边对应的边权值出现明显差异,实现对交通密度差异的放大,给予交通密度差异更高的惩罚;当惩罚系数取 10000 时,路段间不同交通密度差值对应函数斜率的绝对值近似于 0,此时两边对应的边权较为相近,基于此边权进行区域划分将产生较大的误差。

如图 7-6b)所示,当实际差值多分布于 0~0.02 之间,惩罚系数为 100 时,不同密度差值对应的函数斜率绝对值减小,此时不同交通密度差值对应的边权值较为相近;惩罚系数为 1000 时,不同密度差值对应的函数斜率绝对值增大,不同交通密度差值对应的边权值具有明显区别;惩罚系数为 10000 时,不同密度差值对应的函数斜率绝对值增大,此时不同交通密度差值对应的边权值差别明显。

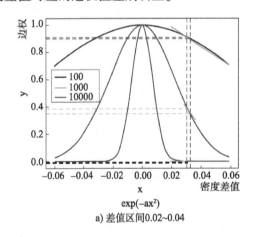 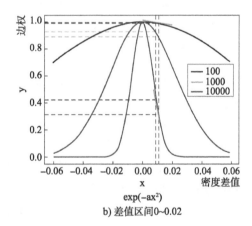

a) 差值区间0.02~0.04　　　b) 差值区间0~0.02

图 7-6　不同量级惩罚系数高斯概率分布

综上,在应用过程中应根据路网交通密度差值分布范围合理选择惩罚系数量级,实现惩罚系数对密度差值放大功能,从而提升分区算法灵敏度。

基于桐乡市工作日主城区高峰时期实际交通运行参数,选择不同惩罚系数计算边权,分别使用 Ncut 谱聚类算法以及 Fast_Unfolding 社区划分算法进行路网区域划分,并根据区域划分效果评价指标选择合适的惩罚系数量级,分区评价结果见表7-2。

**不同惩罚系数下的路网区域划分效果**　　　　　　　　　　　　表7-2

| 初始化分区算法 | 惩 罚 系 数 | 区 域 数 量 | 平均集群相似度($ANS$) | 归一化总方差($TV_N$) |
|---|---|---|---|---|
| Ncut算法 | 100 | 3 | 1.059 | 0.995 |
|  | 1000 | 3 | 0.933 | 0.919 |
|  | 10000 | 3 | 1.081 | 0.963 |
| Fast_Unfolding算法 | 100 | 6 | 1.084 | 0.966 |
|  | 1000 | 8 | 0.855 | 0.821 |
|  | 10000 | 21 | 0.796 | 0.605 |

根据表7-2中所示的分区评价结果可知,当惩罚系数量级选择较小(100)时,分区算法不灵敏,区域划分结果较差,不能实现对路网的有效划分。当惩罚系数量级增大时,两种区域划分方法呈现出不同分区效果,这是由于Ncut谱聚类算法不关注局部特征或细节,划分重点在于提取图像的全局印象,牺牲分区精度以获取区域的高度紧凑性,分区精度没有明显提升;而Fast_Unfolding社区划分算法在保证区域内部各个节点相邻的基础上对局部特征加以考量,存在过度分割。惩罚系数为1000时,Ncut谱聚类算法和Fast_Unfolding社区划分算法产生较好的分区结果的同时区域数目较为合理。因此基于桐乡市辖镇实际交通状况,选择1000作为惩罚系数,并基于此展开后续分析。

2)路网区域划分方法性能对比

根据浙江省桐乡市主城区路网工作日高峰时段(8:00—8:30)的真实路网交通数据,应用路网区域划分方法对高峰时期交通拥堵空间分布具有异质性的路网进行划分,使用区域划分效果评价指标计算不同划分方法的分区效果,并对方法性能进行对比分析。

首先,使用Fast_Unfolding社区划分算法进行初始化区域划分,对应模块度值为0.649,表明网络中存在明显的社区结构,有必要进行网络划分,同时该算法的分区结果具有唯一性,因此无须多组实验进行对比。分别使用Ncut谱聚类算法和Fast_Unfolding社区划分算法进行初始化区域划分。Ncut谱聚类算法无法自动确定最佳分区数目,因此需要设置多个区域数目分别进行实验,并对不同区域数目的初始化区域划分结果分别进行区域合并,根据区域划分效果评价指标选取最佳方案作为最终区域划分结果。初始化分区结果如图7-7所示,图7-7a)为Fast_Unfolding算法初始划分结果,图7-7b)至e)为Ncut算法初始划分结果。

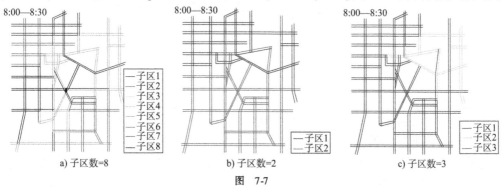

图 7-7

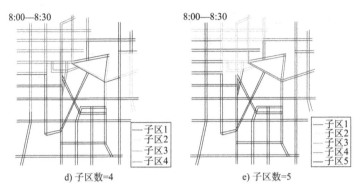

d) 子区数=4　　　　　　　e) 子区数=5

图 7-7　初始化区域划分

表 7-3 为表征初始化区域划分效果的评价指标。

Ncut-初始化区域划分效果评价　　　　　　表 7-3

| 初始区域划分方法 | 区域数目 | 平均集群相似度(ANS) | 归一化总方差($TV_N$) |
|---|---|---|---|
| Ncut | 2 | 1.081 | 0.963 |
| Ncut | 3 | 0.933 | 0.919 |
| Ncut | 4 | 0.890 | 0.871 |
| Ncut | 5 | 0.942 | 0.904 |
| Fast_Unfolding | 8 | 0.855 | 0.821 |

根据初始化分区结果,分别使用改进后的 Newman 快速算法进行区域合并,对比分区结果获得最终分区方案,结果如图 7-8 所示。

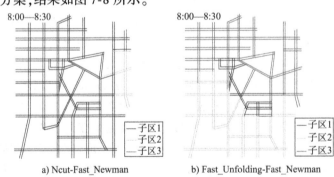

a) Ncut-Fast_Newman　　　　　　b) Fast_Unfolding-Fast_Newman

图 7-8　区域划分结果

对比基于不同初始化区域划分方法获得的最终区域划分效果评价指标,见表 7-4。

区域划分效果评价　　　　　　表 7-4

| 初始化区域划分方法 | 区域数目 | 平均集群相似度(ANS) | 归一化总方差($TV_N$) |
|---|---|---|---|
| Ncut | 3 | 0.850 | 0.837 |
| Fast_Unfolding | 3 | 0.757 | 0.799 |

根据表 7-4 可知,相比于 Ncut 算法,使用 Fast_Unfolding 算法进行初始化区域划分得到的最终分区结果的平均集群相似度指标降低了 10.1%,归一化总方差指标降低了 17.0%,表明在对小型城市进行路网区域划分时,基于 Fast_Unfolding 算法进行区域划分的分区方法性能优于基于 Ncut 算法进行区域划分。同时,Ncut 谱聚类算法无法自行确定最佳区域数

## 第7章 基于区域划分的路网行程时间可靠性建模与分析

目,需要设定不同的期望区域数目分别进行实验,后续需要分别对不同区域数的初始化区域划分结果进行区域合并,并根据评价指标选取最终区域划分方案。而 Fast_Unfolding 算法结果具有唯一性,后续合并也无需多组实验进行对比,大大减少了工作量,并提高了方法在实际应用中的效率。

图 7-8a)为分别对不同数量的初始区域划分结果进行合并后,获得的最终区域划分结果。相比于图 7-7c)中的划分结果,虽然其评价指标略有下降,但是各个区域包含的路段数量不平衡。子区 2、子区 3 包含较少路段,其中,子区 2 仅包含 15 条路段。以上区域具有较低的集群相似度指标,降低了整体的平均集群相似度指标,难以保证路网得到有效划分。因此,在评价指标的基础上,应综合考虑各个区域包含路段数,消除个别区域评价指标的极小值对整体评价的影响。

为了进一步证明分区方法的应用价值,计算各个区域在工作日 8:00—8:30 时段内,以 5min 为时间间隔共 108 个观察点的区域加权平均流量及密度,并据此绘制密度—流量关系,如图 7-9 所示。

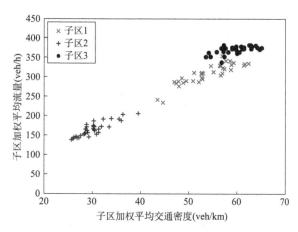

图 7-9 工作日加权平均密度—流量关系图

根据高峰时期路网交通密度空间分布核密度分析结果可知,子区 3 包含的路段的交通密度最大,其次为子区 1,子区 2 包含的路段的交通密度最小。在图 7-9 中,区域之间交通流量、交通密度具有显著差异,从交通密度的角度出发,提出的算法对异质性路网实现了有效划分。根据流量—密度关系反映的区域交通运行状况可知,子区 1 在前期交通流量与交通密度均增长,后期交通密度持续增长而交通流量增长缓慢趋于平缓,逐步达到区域最大通行能力;子区 2 中处于上升段,区域内交通密度逐步增加,交通流量也随着交通密度的增加而增加,区域尚未达到最大通行能力;子区 3 已超过区域最大通行能力,随着交通密度的增加,区域内部出现交通拥堵。各个区域间交通运行状态存在显著差异,表明分区方法对异质性路网进行了有效划分,同时证明了所提出分区方法的应用价值。

3)非高峰时期路网划分

以上对高峰时期路网进行了准确、有效地划分,现基于研究时段范围划分,对 11:30—12:30 的非高峰时期路网划分必要性进行研究。使用经过验证的区域划分方法对非高峰时期的路网进行划分,结果见表 7-5。

非高峰时期路网区域划分结果 表7-5

| 区 域 划 分 | 模块度指标 | 平均集群相似度(ANS) | 归一化总方差($TV_N$) |
|---|---|---|---|
| 初始区域划分 | 0.951 | 1.21 | 0.940 |
| 区域合并 | | 1.02 | 0.928 |

Newman[21]提出当网络模块度值在0.8~1.0之间,网络各节点之间的性质无显著差异,无明显的社区结构。同时,Ji[24]和Saeedmanesh等[28]提出,当平均集群相似度指标和归一化总方差接近1时,无须对路网进行划分。当路网交通状态空间均匀分布时,各个路段的交通密度差异较低。当两区域间密度差异较小时,区域间交通密度均值之差近似于0,同时两相邻区域交通密度方差近似相等,其比值近似于1,此时初始分区没有明显的集群网络,无须对路网进行划分,可直接对路网进行整体分析。

## 7.4 区域路网行程时间可靠性建模与分析

与已有基于路段相关性计算路网中任意路径行程时间可靠性,或者忽略路网交通状态空间差异,统一分析路网行程时间可靠性的研究不同,首先对路网异质性进行研判,对异质性路网进行划分。使用不同分布模型,如正态分布、对数正态分布、伽马分布以及高斯混合分布模型等,对均质区域的单位距离行程时间分布进行拟合,并使用K-S检验结果确定各个区域的最优行程时间分布模型。利用多种评价指标,如计划单位距离行程时间、变异系数、波动单位距离行程时间等,对均质区域的可靠性进行定量评价,并分析区域行程时间可靠性与该区域内交通运行状态的关联。

### 7.4.1 行程时间数据处理

对桐乡市辖镇2020年9月21日(星期一)至25日(星期五)和27日(星期日)早8:00—8:30(工作日高峰)以及中午11:30—12:30(工作日非高峰)主城区路网的集计电警数据进行处理。为了消除行程距离变化对行程时间可靠性分析的影响,使用行程距离对行程时间进行归一化处理,将单位距离的行程时间作为区域行程时间度量[29]。将单位距离设置为1000m,单位距离行程时间等于路段长度与车辆在路段上实际行驶时间的比值,单位为秒每千米(s/km),计算如下:

$$t' = \frac{t}{d} \quad (7\text{-}28)$$

其中,$t'$为单位距离行程时间;$t$为车辆在一定时间间隔内在路段上的实际行驶时间;$d$为路段长度。

基于区域划分结果,计算高峰时段内各个区域单位距离行程时间,及非高峰时期均质路网的单位距离行程时间。在此基础上,对区域行程时间可靠性进行建模,并对行程时间可靠性进行分析评价。

### 7.4.2 路网行程时间分布拟合及分析

本节分别对工作日高峰时期和非高峰时期路网单位行程时间进行分区域的行程时间建模。研究路网在高峰时期交通拥堵分布具有空间异质性,考虑该路网性质对路网进行划分,获得均质性区域,描述对比不同区域内行程时间的变化特性。为了比较不同模型对区域行程时间分布的拟合程度,选用四种单一概率密度分布模型,包括正态分布、伽马分布、威布尔分布、对数正态分布,以及两种混合模型概率分布模型,包括高斯混合分布和伽马混合分布,并使用标准统计检验方法中的 Kolmogorov-Smirnov(K-S)检验,分别测试不同模型对不同区域行程时间的拟合优度。具体建模步骤如下:

步骤一:根据电警数据和路网电子地图计算各个路段上车辆单位距离行驶时间。基于电警数据获得车辆在路段上的实际行驶时间,单位距离行程时间可表示为车辆实际行驶时间与路段长度的比值,单位为秒每千米(s/km),以消除行程距离对行程时间可靠性的影响。

步骤二:根据路网划分结果,将研究时段内各个区域包含的路段的单位距离行程时间进行处理。

步骤三:对不同区域的单位距离行程时间使用不同的分布模型进行拟合,使用 K-S 检验对模型的拟合优度进行检测,判断分布模型是否可被统计检验方式所接受。

根据以上建模步骤,分别对各个区域的单位距离行程时间进行建模,并使用统计检验指标进行拟合优度分析,为各个区域确定最优模型。

1)高峰时期行程时间分布建模

对单位距离行程时间分布模型进行拟合,以获得高峰时期各个区域的行程时间分布模型,见表7-6。其中,子区1与子区3的行程时间分布未明显出现双峰特征,因此单一模型即可实现较好的拟合,对数正态分布对子区1具有最好的拟合效果,威布尔分布可以较好地拟合子区3的行程时间分布;子区2的行程时间分布呈现明显的双峰特征,使用混合高斯概率分布模型可实现较好的拟合。该结果也符合实际交通运行状态,子区1与子区3均呈现出拥堵的态势,驾驶人驾驶行为受到路况限制,行程时间分布较为集中,而子区2为自由流状态,驾驶人驾驶行为具有一定的随机性,混合分布模型可以更好地拟合其行程时间分布。

高峰时期区域单位距离行程时间分布拟合　　　　表7-6

| 区　域 | 统计分布 | K-S统计量 | $P$ 值 | 是否拒绝 ($\alpha=0.05$) |
|---|---|---|---|---|
| 子区1 | 正态分布 | 0.07903 | 0 | 是 |
| | 伽马分布 | 0.04341 | 0 | 是 |
| | 威布尔分布 | 0.06149 | 0 | 是 |
| | 对数正态分布 | 0.01823 | 0.257 | 否 |
| | 高斯混合分布 | 0.10983 | 0 | 是 |
| | 伽马混合分布 | 0.08645 | 0 | 是 |
| 子区2 | 正态分布 | 0.03886 | 0 | 是 |
| | 伽马分布 | 0.05954 | 0 | 是 |
| | 威布尔分布 | 0.03335 | 0 | 是 |
| | 对数正态分布 | 0.20708 | 0 | 是 |
| | 高斯混合分布 | 0.01465 | 0.535 | 否 |
| | 伽马混合分布 | 0.02332 | 0.026 | 是 |

续上表

| 区 域 | 统 计 分 布 | K-S 统计量 | $P$ 值 | 是否拒绝 ($\alpha=0.05$) |
|---|---|---|---|---|
| 子区 3 | 正态分布 | 0.06636 | 0 | 是 |
| | 伽马分布 | 0.10609 | 0 | 是 |
| | 威布尔分布 | 0.02636 | 0.227 | 否 |
| | 对数正态分布 | 0.23708 | 0 | 是 |
| | 高斯混合分布 | 0.15042 | 0 | 是 |
| | 伽马混合分布 | 0.21835 | 0 | 是 |

2) 非高峰时期行程时间分布建模

对非高峰时期路网整体的单位距离行程时间分布进行建模,见表 7-7,可见对数正态分布即可以实现较好的拟合。

**高峰时期区域单位距离行程时间分布拟合**　　　　表 7-7

| 区 域 | 统 计 分 布 | K-S 统计量 | $P$ 值 | 是否拒绝 ($\alpha=0.05$) |
|---|---|---|---|---|
| 整体路网 | 正态分布 | 0.09195 | 0 | 是 |
| | 伽马分布 | 0.05130 | 0 | 是 |
| | 威布尔分布 | 0.07698 | 0 | 是 |
| | 对数正态分布 | 0.02337 | 0.269 | 否 |
| | 高斯混合分布 | 0.10445 | 0 | 是 |
| | 伽马混合分布 | 0.11182 | 0 | 是 |

理论上,混合分布可以包含无限多组分布模型,从而实现对数据分布进行无限接近的拟合。已有研究多基于最大期望算法使用混合分布模型对两组或多组数据产生影响的因素进行分析。在高峰时期和非高峰时期建模研究中,仅高峰时期子区 2 的行程时间分布服从混合分布模型。这是因为对路网进行空间异质性分析和路网区域划分的基础上,已经去除可能造成路网行程时间呈现双峰或多峰分布的空间分布影响,因此单一分布模型即可实现对大部分区域的行程时间分布拟合。

### 7.4.3 路网行程时间可靠性评价

通过分析不同研究时段、不同交通运行状态的区域中行程时间的变化,为路网层面行程时间可靠性分析提供数据支撑。基于各个区域的行程时间分布模型,选择三种行程时间可靠性评价指标量化分析区域行程时间可靠性,包括计划单位距离行程时间指标、波动单位距离行程时间指标以及变异系数。

1) 计划单位距离行程时间指标

计划行程时间指标(Planning Time Index)可以评价路网的行程时间可靠性,将高峰小时内路段行程时间 95% 分位数作为保障该路段准时出行所需的时间。计划单位距离行程时间指标(Planning Time Rate Index, PTRI)描述区域范围内行程时间可靠性[29],其值为研究时段内区域单位行程时间的95%分位数与自由流状态下区域单位行程时间均值的比值,将时间窗 $k$ 内的计划单位距离行程时间指标记作 $PTRI_k$,计算如下:

$$\text{PTRI}_k = \frac{T_{w,95th}}{T_{\text{free-flow}}} \quad (7-29)$$

其中,$T_{w,95th}$ 表示时间窗 $w$ 内出行者可以准时到达目的地的估计时间;$T_{\text{free-flow}}$ 为自由流状态下单位行程时间,选取工作日内各区域单位距离行程时间的15%分位数表示该值。

该指标可以反映研究时段内的交通运行状况与自由流状态下的差异,其值越大则表示出行者需要预留更多的时间保证能够准时到达,可以对区域行程时间可靠性进行稳定性评价。工作日高峰时期以5min为时间间隔,路网各个区域指标变化如图7-10所示。

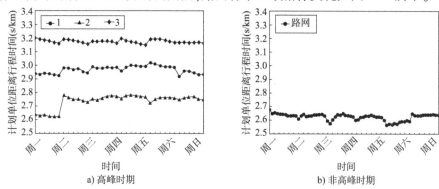

图7-10 计划单位距离行程时间指标

已知子区3包含的路段具有最大的交通密度值,推测该区域为高峰时段内的"热点"区域,其计划单位距离行程时间可靠性指标为3.1~3.2,这表示高峰时期该区域内行驶的车辆为保证95%的概率能够准时完成出行,需要预留三倍以上的自由流状态下的行程时间用于出行,也就是说,由于交通拥堵,驾驶人需要多花费两倍以上的行程时间。子区1包含的路段具有较大的交通密度,需要预留2.9~3倍的自由流状态下的行程时间用于出行。高峰时期子区2的交通密度最小,但仍需预留2.6~2.8倍的行程时间完成出行。高峰时期各个区域的交通运行状态不同,行程时间受到不同程度的影响,具有不同交通密度的区域间的PTRI指标具有明显差异。子区3中的出行者需要预留最多的时间用于出行,同时也具有最高的延误风险,该区域内交通系统稳定性较差,在紧急情况下出行者应该避开子区3进行路线规划,同时交通管理者需要对高峰时期该区域内的交通状况进行优化,提升区域内通行能力。

图7-10b)中非高峰时期路网计划单位距离行程时间指标为2.6~2.7,该值小于高峰时期各个区域指标值,这表示在11:30—12:30非高峰时期路网可靠性高于高峰时期,但此时仍要预留2.6~2.7倍的自由流行程时间以保证准时到达,表明路网仍然存在拥堵时延,但此时交通状态分布已不再呈现显著的空间异质性,各个路段间交通状态差异较小。

2)波动单位距离行程时间指标

波动单位距离行程时间指标(Fluctuation Time Rate Index, FTRI)可以表示行程时间分布的离散性,进而反映路网的可靠性,其表达式如下:

$$\text{FTRI}_k = \frac{T_{w,95\text{th}} - \overline{T_w}}{T_{\text{free-flow}}} \tag{7-30}$$

其中,$\overline{T_w}$ 为时间窗内单位距离行程时间的均值。

平均单位距离行程时间与自由流状态下单位距离行程时间的比值可以表示该时段内区域出行的平均状态,反映该时段内区域交通运行的效率。相比于计划单位距离行程时间指标,通过加入平均单位距离行程时间,削弱了单位距离行程时间分布对可靠性评价的影响。该指标可以描述时间窗内单位距离行程时间的波动性,单位距离行程时间的离散性越强,行程时间波动越大,区域交通系统越脆弱、越不可靠。图 7-11 展示了一周内工作日各个区域波动单位距离行程时间指标的变化。

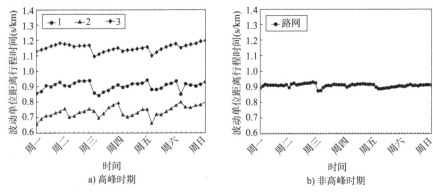

图 7-11 波动单位距离行程时间指标

由图 7-11a)可知,具有不同交通密度的区域间波动单位距离行程时间指标同样具有明显差异。高峰时期子区 3 中该指标值为 1.1~1.2,表示若该区域内的平均行程时间为 1h,则行程时间超时 10~20min 的概率为 95%。当出行者亟需保证95%的概率能够准时到达,则需多预留 10~20min,当平均行程时间更长时则需要预留更多的时间用于保证准时到达。此时区域内路网系统不稳定,难以准确预测出行时间。而子区 1 和子区 2 的波动单位距离行程时间指标均小于 1,表明可以对这两个区域的行程时间进行较为准确的预测。

由图 7-11b)可知非高峰时期路网的波动单位距离行程时间指标为 0.9 左右,波动较小,表明此时可以对路网内任意 OD 之间的行程时间进行较为准确的预测,此时路网交通较为可靠。

3)变异系数

变异系数(Coefficient of Variation,CV)用于衡量观测值的离散程度,具有无量纲的特性。将其用于评价行程时间可靠性,其值为研究时间段内各个区域单位距离行程时间的标准差与均值的比值,可以对比不同区域内单位距离行程时间的变异程度,判断区域交通状态的稳定性,时间窗 $w$ 内的单位距离行程时间变异系数记作 $\text{CV}_w$,计算如下:

$$\text{CV}_w = \frac{\sqrt{\frac{1}{m}\sum_{i=1}^{m}(T_{i,w} - \overline{T_w})}}{\overline{T_w}} \tag{7-31}$$

其中,$m$ 为研究时段内获得的行程时间数据数量;$T_{i,w}$ 为研究时段内第 $i$ 个车辆的行程时间。

工作日高峰期各子区和整体路网单位距离行程时间变异系数变化如图 7-12 所示。

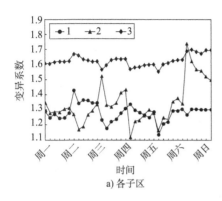 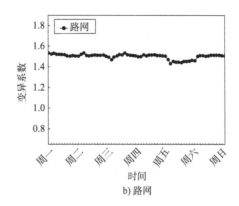

图 7-12 高峰期单位距离行程时间变异系数

各子区单位距离行程时间变异系数如图 7-12a) 所示,子区 1 的变异系数最大约为 1.4,虽然子区 1 和子区 2 交通特征明显不同,但是区域间变异系数未如 PTRI 和 FTRI 指标所示具有显著差异。子区 2 包含路段的交通密度最小,但是不同工作日高峰期内区域单位距离行程时间的变异系数却具有显著差异,最小值为 1.1 而最大值达到 1.7,变异系数显著波动,这可能是由于此时区域内路段交通密度较低,驾驶人的驾驶行为具有较强的随机性导致。对于子区 3,由于路段交通密度较大,车辆的不连续性导致行程时间更加多变,变异系数一直保持在一个较高的水平。图 7-12b) 所示非高峰时期路网行程时间变异系数在 1.4~1.6 之间波动,波动较小,这表明此时路网中各个路段具有相对可靠的行程时间以及较为稳定的交通运行状态。

需要指出的是,在以上路网行程时间可靠性研究中,发现基于各指标对路网可靠性的分析结果并不一致,如计划单位距离行程时间指标和波动单位距离行程时间指标变化波动较小,而变异系数具有较大的波动,表明在行程时间可靠性分析评价中,需要全面考虑各指标变化,才能客观衡量路网行程时间的可靠性。

为了进一步分析各子区交通运行状态与单位距离行程时间可靠性之间的关系,基于各个子区计划单位距离行程时间指标、波动单位距离行程时间指标和变异系数三种路网行程时间可靠性评价指标,分析与路网加权平均交通密度的关联。

图 7-13 展示了三种行程时间可靠性指标与区域距离加权平均交通密度的关系。在高峰时期,不同交通状态的区域的行程时间可靠性具有显著差异。虽然子区 1 和子区 3 部分具有相同的加权平均交通密度,其可靠性指标仍然存在显著差异。相比之下,子区 1 具有较高的可靠性,侧面反映出子区 1 具有较高的通行能力,是区域路网几何结构、交通运行状态、交通信号控制策略等多种因素共同作用的结果。

由图 7-13a) 和图 7-13c) 可见,即使区域在高峰时期具有不同的加权平均交通密度值,但是区域计划单位距离行程时间指标和波动单位距离行程时间指标分布仍然集中,仅在较小的范围内波动。这表明高峰时期区域行程时间分布的 95% 分位数以及平均行程时间受交通密度的影响较小,更多受到道路自身的通行能力以及交叉路口信号控制策略的影响。由图 7-13e) 可见,子区 2 在不同密度下的变异系数分布较为发散,变异系数为平均行程时间与行程时间标准差的比值,其中平均行程时间表示行程时间变化的中心趋势,标准差表示行程时间的离散程度。区域在相同的交通密度下行程时间离散程度不同,是因为驾驶人的驾驶行为具有较强的随机性,导致在相同的交通密度下车辆的行程时间呈现不同的分布。对比分析高峰时期和非高峰时期,区域行程时间可靠性与区域加权平均交通密度具有较强的相关关系,一定范围内的交通流量与可靠性指标具有线性关系,可据此快速评估区域行程时间可靠性。

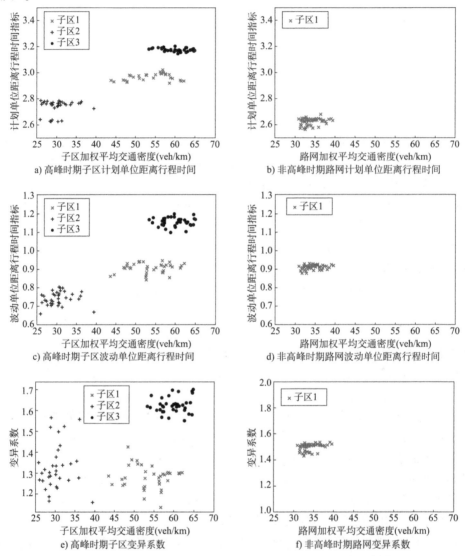

图 7-13 各行程时间可靠性指标 vs 加权平均交通密度

因此,对路网进行宏观行程时间可靠性分析时,应划分不同的研究时段,针对每一时段研究区域内交通拥堵空间分布是否具有异质性,并在此基础上,根据区域交通密度或交通流量等参数,快速判别路网整体及各个区域的行程时间可靠性。

## 参 考 文 献

[1] Edie L. Car-following and steady-state theory for noncongested traffic [J]. Operations Re-

search, 1961, 9(1): 66-76.

[2] Edie L. Discussion of traffic stream measurements and definitions[M]. New York: Port of New York Authority, 1963.

[3] Cassidy M, Coifman B. Relation among average speed, flow, and density and analogous relation between density and occupancy[J]. Transportation Research Record, 1997, 1591(1): 1-6.

[4] Saberi M, Mahmassani H, Hou T, et al. Estimating network fundamental diagram using three-dimensional vehicle trajectories: extending edie's definitions of traffic flow variables to networks[J]. Transportation Research Record, 2014, 2422(1): 12-20.

[5] Mahmassani H, Williams J, Herman R. Investigation of network-level traffic flow relationships: some simulation results[J]. Transportation Research Record, 1984, 971(1): 121-130.

[6] 张程. 典型荒漠植物群落种群空间格局及土壤水分盐分的空间异质性研究[D]. 江苏: 南京大学, 2007.

[7] Leclercq L, Geroliminis N. Estimating MFDs in simple networks with route choice[J]. Transportation Research Part B: Methodological, 2013, 57(7): 468-484.

[8] Geroliminis N, Sun J. Properties of a well-defined macroscopic fundamental diagram for urban traffic[J]. Transportation Research Part B: Methodological, 2011, 45(3): 605-617.

[9] Zheng B. Figure-Eight hyster esis pattern in macroscopic fundamental diagrams for urban freeway network in Beijing, China[C]. Transportation Research Board Meeting, 2013.

[10] 朱琳,于雷,宋国华. 基于MFD的路网宏观交通状态及影响因素研究[J]. 华南理工大学学报(自然科学版),2012,40(11):138-146.

[11] Geroliminis N, Boyaci B. The effect of variability of urban systems characteristics in the network capacity[J]. Transportation Research Part B: Methodological, 2012, 46(10): 1607-1623.

[12] 邹海翔,乐阳,李清泉. 城市交通状态的空间依赖性和异质性分析. 城市交通,2015(3): 9-16.

[13] Watts D, Strogatz S. Collective dynamics of 'small-world' networks[J]. Nature,1998,393 (6684):440-442.

[14] Barabási A, Albert R. Emergence of scaling in random networks[J]. Science,1999,286 (5439):509-512.

[15] 戴汝为,李耀东. 基于综合集成的研讨厅体系与系统复杂性[J]. 复杂系统与复杂性科学,2004,1(4):1-24.

[16] 高洁. 基于复杂网络理论的交通运输网络及其结构的可靠性评价[D]. 上海:同济大学,2008.

[17] 吴文祥,黄海军. 固定需求交通网络的一般系统最优模型与性质[J]. 管理科学学报, 2015,18(12):58-67.

[18] 高自友,吴建军,毛保华,等. 交通运输网络复杂性及其相关问题的研究[J]. 交通运输

系统工程与信息,2005,5(2):79-84.

[19] Montis A, Barthélemy M, Chessa A, et al. The structure of interurban traffic: aweighted network analysis [J]. Environment and Planning B: Planning and Design, 2007, 34 (5): 905-924.

[20] Dimitrov S, Ceder A. A method of examining the structure and topological properties of public-transport networks [J]. Physica A: Statistical Mechanics and its Applications, 2016, 451: 373-387.

[21] Newman M, Girvan M. Finding and evaluating community structure in networks [J]. Physical Review E, 2004, 69(2): 26-113.

[22] Blondel V, Guillaume J, Lambiotte R, et al. Fast unfolding of communities in large networks [J]. Journal of Statistical Mechanics: Theory and Experiment 2008, 2008(10): 10008.

[23] Arenas A, Duch J, Fernández A, et al. Size reduction of complex networks preserving modularity [J]. New Journal of Physics, 2007, 9(6): 176.

[24] Ji Y, Geroliminis N. On the spatial partitioning of urban transportation networks [J]. Transportation Research Part B: Methodological, 2012, 46(10): 1639-1656.

[25] Newman M. Fast algorithm for detecting community structure in networks [J]. Physical Review E, 2004, 69(6): 066133.

[26] Rousseeuw P. Silhouettes: a graphical aid to the interpretation and validation of cluster analysis [J]. Journal of Computational and Applied Mathematics, 1987, 20: 53-65.

[27] Saeedmanesh M, Geroliminis N. Clustering of heterogeneous networks with directional flows based on "Snake" similarities [J]. Transportation Research Part B: Methodological, 2016, 91 (9): 250-269.

[28] Gu Z, Saberi M. A bi-partitioning approach to congestion pattern recognition in a congested monocentric city [J]. Transportation Research Part C: Emerging Technologies, 2019, 109 (12): 305-320.

[29] 李先. 城市路网可靠性评价的实证研究 [D]. 北京: 北京工业大学, 2007.

# 第8章　考虑多路段关联的随机网络可靠路径搜索

关于路径规划问题的研究可大致分为两类，一类是假设路段独立的路径规划问题，一类是考虑路段关联性的路径规划问题。本章聚焦动态随机网络可靠路径搜索问题及对应的可靠路径搜索算法，充分考虑行程时间动态变化的特性，利用动态矩匹配法高效计算考虑路段关联时的路径行程时间分布，并在北京市实际网络中进行测试和相关算法对比实验。

## 8.1　路径规划

### 8.1.1　假设路段独立的路径规划

根据最优路径评判标准的不同可分为两大类，一类目标函数是最小化期望行程时间，另一类目标函数是最优化行程时间可靠性需求。

第一类研究致力于求解最小化期望行程时间的路径。经典的两点间最短路径搜索算法有 Dijkstra 算法[1]、Floyd 算法[2]等。求解时变随机网络中最小化期望行程时间路径的问题首先由 Hall 提出[3]。Hart 等人提出了 A∗ 启发式搜索算法，算法利用与问题相关的启发式函数指导搜索的方向，与 Dijkstra 算法相比更具目的性，因此，可大幅缩减搜索域，从而节约搜索时间[4]。值得注意的是，A∗ 启发式搜索算法的启发式函数，主要是为了对每个待拓展的节点进行评估，算法会优先选择更有可能是最优路径上的节点拓展路径，不断重复直至找到目标节点。然而，不同的启发式函数直接影响搜索结果和计算效率。Goldberg 提出 ALT 算法，利用预处理方法，在搜索前获取每个节点更接近真实值的启发值，在加快搜索的同时使得搜索结果更优[5]。谭国真在理论上证明传统的 Dijkstra 算法不能够有效地应用于动态最短路径的求解，提出一种后向型的改进标号算法，求解先进先出（First in first out, FIFO）网络和非先进先出网络的路径搜索问题[6,7]。

第二类研究在路径搜索时考虑了出行者对于行程时间可靠性的要求。该类研究又可根据行程时间可靠性考虑方式的不同分为两种：一种是在确定的行程时间预算约束下最大化准点到达的概率[8-11]；另一种是在确定的准点到达概率约束下最小化行程时间预算[8,9]。Fan 和 Nie 基于动态规划求解最大化准点到达概率的路径搜索问题，并借助连续逼近序列研究算法收敛性[11]。Wu 和 Nie 也研究了最大化准点到达概率的路径搜索问题，并提出一种基于随机占优理论冒险型路径选择的统一建模方法[14]，然后又基于线圈检测器采集的数据和高速公路收费站的进出口数据进行研究，提出一种基于自适应离散的卷积方法求解路径行程时间分布。该方法与传统直接计算卷积方法相比，在准确表示行程时间分布的同时，减少计算量，提高算法效率[8]。Chen 等人研究了在确定的准点到达概率约束下，最小化行程时间预算的路径搜索问题,并提出向前和向后搜索时变可靠路径搜索算法,分别对应确定出发时间的情况下最早到达的最优可靠路径和最晚出发的最优可靠路径[15]。

### 8.1.2 考虑路段关联性的路径规划

考虑路段关联性的路径规划问题考虑了行程时间可靠性,根据行程时间是否随时间变化而变化,可分为静态网络路径规划问题和动态网络路径规划问题。

静态网络一般是指假设行程时间在一个时段内均符合同一个分布,并且在整个路径搜索的过程中该分布不变。在静态网络中搜索到的最优路径,常被称为"先验路径"。即,出行者在出发前整条路径已规划完毕,并且出行者在旅途中不会改变原始路径。Ji等人假设路段行程时间服从正态分布和对数正态分布,提出一种基于蒙特卡洛仿真的遗传算法求解多目标α-可靠度最优路径搜索问题。在路径搜索过程执行前,先通过蒙特卡洛的方法生成路段独立和路段关联两种情况下各路段的行程时间随机数,将路段行程时间随机数叠加并排序得到路径行程时间分布,并以此确定多目标下的最优路径[16]。Karthik等人提出基于可靠性边界的路径最优化条件[17]。Zeng等人选用截尾对数正态分布拟合路段行程时间,以正态分布拟合路径行程时间,利用拉格朗日松弛方法和科列斯基分解式求解静态随机网络中的α-可靠度最优路径[18]。Zhang等人假设静态随机网络中的路段行程时间分布为正态分布,提出基于凸问题重组、改进的拉格朗日乘子更新方法的拉格朗日松弛算法[19]。

动态网络中行程时间及其分布随时间的变化而变化。动态网络常被称为时变网络或时间依赖型网络。动态最短路径问题最先是由Cooke和Halsey于1966年提出,将时间离散化以离散间隔的整数倍表示路段的行程时间,并利用Bellman算法计算网络中任意两点间的最短路径[20]。在动态网络中搜索到的最优路径,也常被称为"自适应路径"。Mojtaba等人采用基于n点动态交叉算子的多目标遗传算法求解动态随机网络下的非劣路径集,并利用Taguchi方法调整遗传算法中的参数[21]。Chen等人假设路段行程时间服从正态分布,提出一种多指标A*算法求解动态随机网络下的路径选择问题。Yang和Zhou建立等效线性整数规划模型,利用拉格朗日分解方法二元化耦合约束,求解考虑路段关联性的动态随机网络路径搜索问题[22]。

从路径搜索问题的类型来看,目前大部分研究只是讨论了小规模或仿真网络中的静态或动态路径搜索问题,只有少量研究涉及到大规模实际路网的动态路径搜索问题。近年来随着移动互联技术逐渐成熟,如何在充分考虑路段关联性且行程时间动态随机变化的大规模实际路网中求解满足一定行程时间可靠度需求的最优路径,是时下的热点研究方向。

## 8.2 路段关联性量化分析

### 8.2.1 研究数据

研究数据选用北京市三环内实际路网及浮动车数据,该网络包含218个节点和744个路段。路段行程时间是由 2015 年 6 月和 7 月两个月的浮动车数据计算获取。大约每分钟，配备有 GPS 设备的出租车上传一组车辆的即时信息，如位置、方向、速度以及是否载有乘客。研究只选用载有乘客的出租车数据，因为载客出租车更接近普通社会车辆的行为。首先对浮动车数据进行预处理。然后将浮动车数据映射至路网中的对应路段，并将路段行程时间汇总为每两分钟一条数据。

### 8.2.2 路段关联性表示形式

路段关联性的表示形式可分为两种，一种是马尔科夫链，一种是相关系数。Ramezani 和 Geroliminis[23] 和 Ma 等人[24] 以马尔科夫链的形式量化路段关联性，采用聚类分析方法，建立相邻路段行程时间的二维马尔科夫链的相关图表，计算路径行程时间分布。马尔科夫链虽然能够表征相邻路段的相关性，但是其计算过程较为复杂，而且非相邻路段的关联性不能较好地体现。Zeng 等人[18] 利用相关系数的形式考虑路段关联性，并将其应用于可靠最短路径搜索问题中。以相关系数的形式考虑路段关联性，计算较为方便，能够充分量化路段关联性，并同时考虑整条路径中两两路段之间的关联性。因此，选择利用相关系数的形式考虑路段关联性。

### 8.2.3 路段关联性影响因素

根据丰富的浮动车数据，可直接计算路段行程时间相关系数矩阵。本节主要探究路段道路等级、空间距离（由相距路段数衡量）和时间距离（由相隔的时间区间数衡量）对路段关联性的影响。选择 2015 年 6、7 两个月包含的 45 个工作日的晚高峰（17:00—19:00）的浮动车数据进行计算与分析。

1) 路段道路等级

在实际中，具有不同道路特征、交通容量的不同等级道路对于出行者的吸引力不同，道路等级是影响路段关联性的关键因素。为了排除路段空间距离和时间距离对路段关联性大小的影响，仅选取网络中的相邻路段，对在同一时间段内的行程时间数据进行分析，共有六种路段道路等级组合情况，即快速路和快速路、干道和干道、次干道和次干道、快速路和干道、干道和次干道、快速路和次干道。六种情况下的路段行程时间相关系数频率直方图如图 8-1 所示。

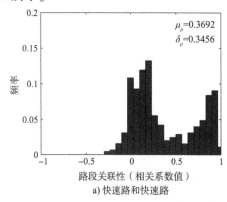
a) 快速路和快速路

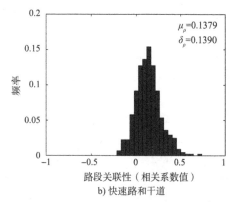
b) 快速路和干道

图 8-1

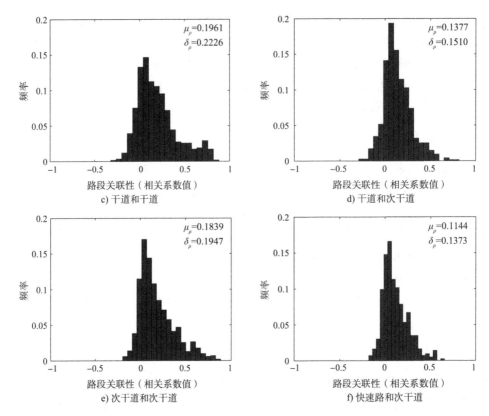

图 8-1 不同道路等级的路段行程时间相关系数频率直方图

总体而言,大多数相邻路段对呈现弱正相关,而少数相邻路段对具有弱负相关性。此外,当相邻的两条路段均为城市快速路时,较大比例的路段对呈现出强烈的正相关性,如图 8-1a)所示,这与其他五种情况不同。该结果也说明城市快速路不间断的车流具有更可靠的行驶时间和相对稳定的交通状态。在另外五种情况下,频率直方图的形状与对数正态分布相似。通过对比可见,道路等级越高,相邻路段对之间的关联性越强,相近道路等级的相邻路段对具有更强的关联性。

2) 路段空间距离

为了排除道路等级和时间距离对路段关联性的影响,从网络中提取由相同道路等级的路段组成的一条路径,根据同时段的行程时间分析路段关联性与路段空间距离的关系。如图 8-2 所示,测试路径包括 20 条干道路段,其路段相关系数如图 8-3 所示,其中平面 $x$ 和 $y$ 坐标表示沿路径的路段序号,$z$ 轴表示路段行程时间的相关系数大小。结果显示,路段关联性与路段空间距离具有较强的关系。随着两条路段之间的空间距离增大,路段关联性降低。

3) 路段时间距离

关于路段时间距离(由相隔的时间区间数衡量)对路段关联性的影响,选取 2015 年 6、7 两个月包含的 45 个工作日的晚高峰(18:00—19:00)的浮动车数据进行计算与分析。为了排除空间距离和道路等级因素对路段关联性的影响,使用不同时间区间的相同路段的行程时间计算相关系数。路段行程时间每两分钟更新一次,因此,截取时段中包含 30

# 第8章 考虑多路段关联的随机网络可靠路径搜索

个时间区间。为了反映时间距离和道路等级对路段关联性的影响的综合特征,随机提取来自三种道路等级的450个路段(快速路150个路段,干道150个路段,次干道150个路段)的行程时间进行分析。路段关联性的平均值和标准差分别由$\tilde{\rho}_m^{\tau_e,\tau_f}$和$\bar{\rho}_m^{\tau_e,\tau_f}$表示,计算如下:

$$\tilde{\rho}_m^{\tau_e,\tau_f} = \frac{1}{m}\sum_{a_{ij}\in M}\rho_{ij}^{\tau_e,\tau_f} \tag{8-1}$$

$$\bar{\rho}_m^{\tau_e,\tau_f} = \sqrt{\frac{1}{m}\sum_{a_{ij}\in M}(\rho_{ij}^{\tau_e,\tau_f} - \tilde{\rho}_m^{\tau_e,\tau_f})^2} \tag{8-2}$$

其中,$m$是某一个道路等级的路段数量;$i,j \in N$;$\tau_e,\tau_f \in \vartheta$。

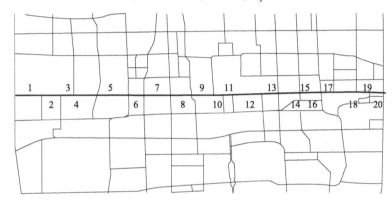

图8-2 路段关联性分析的一条路径示例

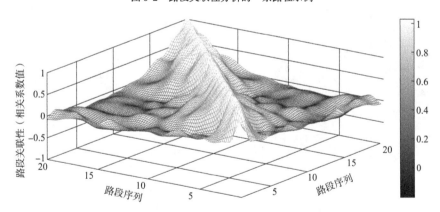

图8-3 不同空间距离的路段关联性结果对比

路网中所有路段行程时间的相关系数如图8-4所示,其中平面$x$和$y$坐标表示时间间隔,颜色代表路段行程时间相关系数的平均值[图8-4a)、b)和c)]或标准偏差[图8-4d)、e)和f)]。由图可见,路段关联性与时间距离具有较强的关系。具体而言,由图8-4a)、b)和c)可见,两个时间区间之间相隔较长时间时,路段行程时间的关联性呈现下降趋势。总体而言,在不同时间区间中相同路段的行程时间呈现较强的正相关,尤其是相隔20min内(10个时间区间)。图8-4d)、e)和f)显示,路段行程时间相关系数的波动性在10min(5个时间区间)内较小。随着时间间隔的增加,路段行程时间相关系数的标准差逐渐增加至0.2,并保持在0.25左右。

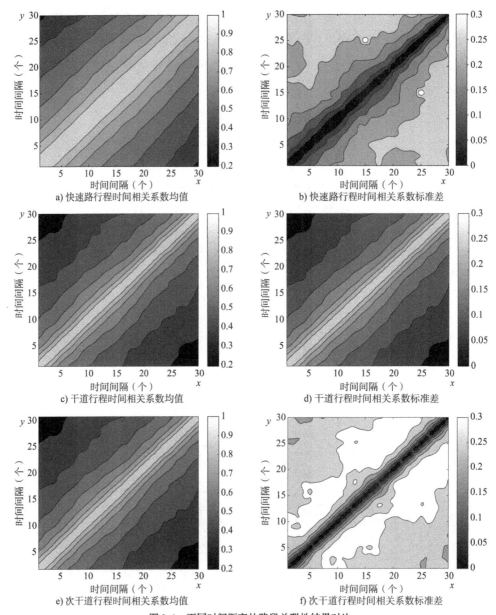

图 8-4 不同时间距离的路段关联性结果对比

## 8.3 静态随机网络可靠路径搜索

### 8.3.1 问题描述

设有一个随机网络 $G=(N,A)$,其中 $N(|N|=n)$ 是节点集合,$A(|A|=m)$ 是路段集合。每一个节点 $i$ 对应一个可直接到达的节点集合 $\varphi(i),i\in N$,和一个直接可到达节点 $i$ 的节点集合 $\varphi^{-1}(i),i\in N$。每一条从节点 $i$ 到节点 $j$ 的有向路段可表示为 $a_{ij}$。路段行程时间是一个随机变量,可表示为 $t_{ij},i,j\in N$。静态随机网络路径搜索问题为求解一条先验的最优路

径。对于给定的行程时间可靠性 $\alpha$，路径 $p_{rs}^* \in P_{rs}$ 被认为是 $\alpha$-可靠路径，如果条件 $F_{T^*}^{-1}(\alpha) < F_T^{-1}(\alpha)$ 对于任何路径 $p_{rs} \in P_{rs}$ 均满足[12]。其中，$P_{rs}$ 是从起点 $r$ 到终点 $s$ 的路径集合，$F_{T^*}^{-1}(\alpha)$ 和 $F_T^{-1}(\alpha)$ 分别是最优路径和其他路径行程时间的反累积分布函数。在一个确定的 OD 对之间的 $\alpha$-可靠路径搜索问题可表示为：

$$\min TTB \tag{8-3}$$

s.t.

$$P(\sum_{i,j \in N} t_{(i,j)} x_{ij} = TTB) = \alpha \tag{8-4}$$

$$\sum_{(i,j) \in A} x_{ij} - \sum_{(j,i) \in A} x_{ji} = \begin{cases} 1, & i = r \\ 0, & i \in N - \{r,s\} \\ -1, & i = s \end{cases} \tag{8-5}$$

其中，$TTB$ 是行程时间预算；$x_{ij} \in \{0,1\}$ 是一个决策变量，若 $x_{ij} = 1$ 则表示路径包含路段 $a_{ij}$，否则不包含。

### 8.3.2 静态可靠路径搜索算法

遗传算法（Genetic Algorithm，GA）是由 John Holland 等人在 1975 年提出[25]。该算法受到达尔文生物进化论的启发而产生，现今被广泛应用于优化问题的求解。目前，已有一些研究应用遗传算法求解可靠最短路径问题[16,21]。Ji 等[16]提出了一种基于蒙特卡洛仿真的多目标遗传算法（Simulation-based multi-objective genetic algorithm approach，SMOGA）搜索可靠的优选路径集合。Rajabi-Bahaabadi 等[21]应用 NSGA-II 求解随机时变网络中的多目标路径搜索问题。

本节提出一种 MHGA（Moment-matching-based Hybrid Genetic Algorithm）算法，在静态随机网络中搜索可靠最短路径。候选路径通过可变长度的染色体表示，增加结果的多样性[27-30]。染色体上的基因代表路径中的节点。MHGA 算法的整体流程及算法每一步的具体细节如图 8-5 所示。

```
输入：随机网络 G= (N, A)，起点 r，终点 s，行程时间可靠性需求 α。
输出：从 r 到 s 的一条 α-可靠路径。
指定遗传算法参数、OD 对和 α 值。
生成初始路径解集。
在 MHGA 的每次迭代中：
    使用 MOM（Moment-Matching Method）算法计算每条候选路径的行程时间分布；
    计算每条候选路径在行程时间可靠性需求下的行程时间预算；
    根据路径的行程时间预算排序路径；
    判断算法终止条件；
    淘汰排名靠后的候选路径；
    利用交叉算子和变异算子产生新的候选解；
    实施路径局部搜索算法。
```

图 8-5 MHGA 的整体流程

1）生成初始路径解集

在遗传算法中，初始解的质量很大程度上影响收敛速度和最终的求解结果。Ji 等[16]总结了两个优质路径初始解集需要满足的条件：

(1) 路径初始解集需具有良好的路径多样性。

(2)每一条路径初始解应避免环路和绕路。

算法:生成初始路径解集

$//d_{i,j}$ 代表节点 $i$ 到节点 $j$ 的距离 $//$

Begin
 设 $k=1$;
 While（k≤种群规模）do
设 $cn=r$
  While（$cn \neq s$）do
   $nn=$ 一个 $\varphi(cn)$ 中的随机点且 $nn \notin$ 路径 $k$
   If $d_{nn,s} < d_{cn,s}$
    $cn=nn$;
   End if
  End while
$k=k+1$;
 End while
End

2)矩匹配法

MHGA 的关键步骤之一是在确定路径行程时间分布的基础上评估每条候选路径的优劣,即给定行程时间可靠性需求所对应的行程时间预算。蒙特卡洛仿真法可精确求解,但计算量较大。因此,当考虑路段关联时,选择利用对数正态分布近似估计法确定路径行程时间分布。矩匹配法可以高效计算近似对数正态分布的参数。近似路径行程时间分布的对数正态分布采用 $LN(\mu_P,\delta_P)$ 表示。计算每条候选路径近似分布的一阶原点矩和二阶中心矩。然后确定近似分布 $LN(\mu_P,\delta_P)$ 的参数 $\mu_P$ 和 $\delta_P$。路径在给定行程时间可靠性下的行程时间预算可根据 $LN(\mu_P,\delta_P)$ 的 CDF 累计分布函数确定。

3)遗传算子

(1)选择算子。选择算子的作用是根据种群中个体的适应度,从种群中选择一批较优的个体保留下来,淘汰较差的个体,以进化群体。借助 MOM 方法确定的路径行程时间分布后,可根据其 CDF 计算每个候选路径在给定行程时间可靠性 $\alpha$ 下的行程时间预算 $TTB_p^\alpha$。一定比例的较优候选路径将被保留下来,另外的较差路径(其准时到达概率 $\alpha$ 下的行程时间预算较大)将被后续交叉操作、变异操作和局部搜索算法产生的新解所取代。该保留比例采用保留率 $\varepsilon_r$ 表示。$\varepsilon_r$ 的大小会显著影响求解的质量。$\varepsilon_r$ 太大将导致进化缓慢,相反,如果参数值太小,则可能出现过早收敛的情况。

(2)交叉算子。在传统遗传算法中,交叉概率(Probability of Crossover,PC)是一个控制交叉算子使用频率的重要参数,其范围在 0 到 1 之间。通常先选定两个父代候选解,然后生成一个 0 到 1 之间的随机数,如果小于 PC,则对选定的候选解执行交叉操作。否则,重新选择父代候选解并生成随机数,尝试进行下一次交叉操作。

然而,在路径搜索问题中,随机选择的父代路径可能不交叉(即,除了路径起点和终点之外,两个路径之间不存在另外的重叠节点),或者它们不适合交叉(即,交叉产生的后代染色体可能与父染色体相同)。因此,两条父代路径是否适合交叉操作取决于其路段序列特征。因此,放弃使用 PC,并且保留率 $\varepsilon_r$ 用于同时控制每次迭代的淘汰率和交叉操作的规模。$\varepsilon_r$ 越大表示淘汰率和交叉规模越小。通常,经过选择操作后,种群数量从其原始规模缩小至原始规模的 $\varepsilon_r$ 倍,并且在交叉操作之后恢复到原始规模。

采用单交叉方案,且仅当两个父代候选路径之间存在至少一个有效的重叠节点时才实现交叉操作。当两个路径中重叠节点的前节点和后节点均不同时,该重叠节点被定义为有效的重叠节点。显然,在有效重叠节点处进行交叉操作,产生的后代路径总是与其父代路径不同。图 8-6 为交叉操作的示意图。值得注意的是,整个种群中的任意两条路径可能不存在有效的重叠节点。在这种情况下,始终不能执行交叉操作。为了防止算法陷入死循环,限制查找有效重叠节点的最大尝试次数。一旦达到最大尝试次数,所有遗传算子将被废弃。调整保持率 $\varepsilon_r$ 为 1,并且将变异概率 $\varepsilon_m$ 调整为 0。

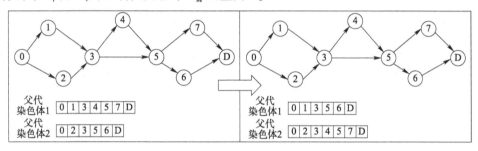

图 8-6 有效重叠节点(节点 3)处的交叉操作

(3)变异算子。算法设定变异算子不会作用于交叉算子产生的新解或排名前 20% 的候选解,只有在种群中排序在中间的候选路径会受到变异算子的影响。因此,每次迭代的当前最优解不会被变异算子破坏,且由交叉算子生成的新解不会在没有评估的情况下就被变异算子立即改变。突变概率 $\varepsilon_m$ 表示候选路径中每个基因的突变概率。突变操作的机制如图 8-7 所示。突变节点将被更改为一个同时连接该突变节点前后两个节点的另一随机的节点(如果存在)。随后,新生成的路径将替换原始路径。

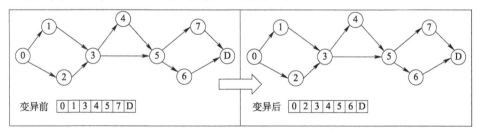

图 8-7 变异操作

4)算法终止条件

在传统的遗传算法中,算法将在迭代至最大迭代次数时终止。但是,算法可能仅经过几次迭代后便能找到最优解。因此,通常算法不需要执行太多次迭代。为了加快算法收敛速度,设置合理的终止条件。即在搜索过程中,若在一定次数的迭代之后没有更新当前最优解,则终止算法。显然,如果该迭代次数设置得太大,算法可能会在已经找到最优解后继续搜索而浪费计算时间。相反,该迭代次数设置太小可能导致过早收敛。

5) 局部搜索算法

虽然遗传算法的全局搜索能力较强,但局部搜索能力有一定局限性。为了提高算法的搜索能力,提出一种四节点三路段的局部搜索算法。四节点三路段指一个候选路径中由四个连续节点和三个路段组成的一部分,被定义为局部范围。执行局部搜索算法一次只会更改局部范围内的路段序列。局部搜索算法在局部范围内寻找其他可行的路段序列方案,如果找到比当前更优的路径,则当前路径将被更优的可行路径替换;否则,当前路径不会改变。因此,变异操作和局部搜索算法之间的主要区别是变异算子可能导致候选路径变得更差,而局部搜索算法不会。正因为如此,当前最优路径始终在种群演化过程中得以保留。

每次迭代过程中,在遗传操作之后,局部搜索算法将作用于所有候选路径。先从每个路径中随机选择一个节点(除了起点 $r$ 和节点序列中的最后三个点)作为局部搜索范围的起始节点,设为 $sn$。局部范围可表示为 $sn$、$sn1$、$sn2$、$sn3$。一旦达到寻找有效重叠节点的最大尝试次数,所有遗传算子将被废弃。同时,局部搜索算法将继续尝试搜索更优的路径。局部搜索算法的过程总结如下:

---

算法:局部搜索

开始

For all 候选路径:

  随机选择一个合格节点 $sn$ 作为局部搜索范围的起始节点;

  设 $p=1$;

  For all 节点 $i \in \varphi(sn)$

    If $i$ 是 $sn3$

      第 $p$ 条可行路径是 $[sn,sn3]$;

      $p=p+1$;

    Else

      if $sn3 \in \varphi(i)$

        第 $p$ 条可行路径是 $[sn,i,sn3]$;

        $p=p+1$;

      End if

      For all 节点 $j \in \varphi(i)$

        If $sn3 \in \varphi(j)$

          第 $p$ 条可行路径是 $[sn,i,j,sn3]$;

          $7p=p+1$;

        End if

      End for

    End if

End for
　If 局部最优可行路径比当前路径更优
以局部最优可行路径代替当前路径
　End if
End for
结束

### 8.3.3 静态可靠路径搜索算法测试

1) 仿真网络测试

标准的网格网络已被广泛应用于测试路径搜索算法的适用性[11,21]。但是，网格网络可能无法模拟实际道路网络的复杂连接。作为替代方案，在标准网格网络添加一些随机偏移，并且每个节点仅与足够接近的周围节点连接。图 8-8 显示了该仿真网络的拓扑结构，该网络由 169 个节点和 547 个有向路段组成，所有路段均能双向通行。每个节点的随机偏移范围是水平和垂直方向上 ±0.3 个单位距离。此外，每个节点仅与距离自身 1.6 个单位距离内的节点连接，即每条路段的长度不超过 1.6 个单位距离。

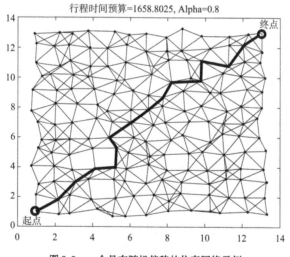

图 8-8　一个具有随机偏移的仿真网络示例

在该仿真网络中，假设路段行程时间服从对数正态分布。路段行程时间的均值和方差为 60 到 200 之间的随机数，并且路段行程时间的方差在数值上等于均值。另外，路段行程时间的相关系数和准时到达概率 $\alpha$ 分别设置为 0.2 和 0.8。为了评估随机环境中的路径优劣，每条路段的行程时间的均值和方差在路径搜索过程之前随机生成，且在路径搜索过程中网络不会发生变化。因此，MHGA 搜索的所有路径均以公平的方式进行评估和比较。

值得注意的是，保留率、突变概率和群体规模等参数对遗传算法的求解质量具有显著影响。为了找到可靠最短路径问题的合理算法参数设置，进行大量实验，设置迭代数和种群规模分别为 200 和 50，保留率和突变概率分别为 0.8 和 0.01。查找有效重叠节点的最大尝试次数设置为 30。另外，设置如果在 30 次迭代后未更新当前最优解，则退出路径搜索算法。为了反映 MOM 的计算效率,将与蒙特卡洛仿真法进行比较。每条路段上行程时间的仿真次数设置为 1000[16]。静态随机网络路径搜索算法使用 MATLAB 编写,并在具有四个 3.60 GHz CPU 和 4 GB RAM 的 Windows 10(64)PC 上进行测试。计算性能的结果见表 8-1 和表 8-2。成功率是指算法在网络中找到最优解的概率。平均误差反映了当前最优解与最优解之间的平均差异。

算法计算性能表现(100 次运行平均值)  表 8-1

| 网络类型 | 确定性网络 | | 随机性网络 | |
|---|---|---|---|---|
| 算法 | 传统遗传算法(CGA) | 混合遗传算法(HGA) | 基于蒙特卡洛仿真法的混合遗传算法(SHGA) | 基于矩匹配法的混合遗传算法(MHGA) |
| 成功率(%) | 3 | 95 | 94 | 95 |
| 平均计算时间(ms) | 25.56 | 30.77 | 1375.7 | 125.7 |

算法在不同规模网络中的计算性能表现(100 运行平均值)  表 8-2

| 随机网络规模 | | 基于蒙特卡洛仿真法的混合遗传算法(SHGA) | | 基于矩匹配法的混合遗传算法(MHGA) | |
|---|---|---|---|---|---|
| 节点数 | 路段数 | 平均误差(%) | 平均计算时间(s) | 平均误差(%) | 平均计算时间(s) |
| 100 | 303 | 0.147 | 1.606 | 0 | 0.119 |
| 225 | 726 | 0.489 | 2.804 | 0.071 | 0.277 |
| 400 | 1334 | 2.379 | 4.292 | 0.748 | 0.500 |
| 625 | 2110 | 2.373 | 5.843 | 1.273 | 0.773 |
| 900 | 3073 | 3.419 | 7.554 | 3.261 | 1.118 |
| 1225 | 4202 | 6.339 | 10.873 | 5.808 | 1.671 |
| 1600 | 5521 | 7.872 | 14.333 | 6.507 | 2.230 |

基于确定性网络中的求解结果,可发现局部搜索算法可以极大地提高传统遗传算法的搜索能力,但计算工作量仅略有增加。对于随机网络,基于矩匹配的混合遗传算法的计算时间不到基于蒙特卡洛仿真法的混合遗传算法的十分之一。同时,求解到最优解的成功率几乎相同,可见 MHGA 所得结果的准确性得以保证。表 8-2 中,在不同的随机网络规模下,MHGA 所得路径结果稍优于基于蒙特卡洛仿真法的混合遗传算法,而计算时间相对较少。因此,MOM 方法能够用于计算考虑路段关联性的路径行程时间分布,且能够大大提高可靠最短路径搜索算法的计算效率。因此,辅以局部搜索算法和 MOM 方法的 MHGA 具有强大的全局和局部搜索能力,并且比基于蒙特卡洛仿真的混合遗传算法具有更高的计算效率。

2)实际网络测试

在北京市三环内的真实网络中测试所提出的 $\alpha$-可靠路径搜索算法,该网络包含 218 个节点和 744 个路段。为了检验 $\alpha$-可靠路径搜索算法的性能并将其与同类算法对比,在北京市地图中随机选取了 1000 个直线距离大于 5km 的 OD 对。利用这 1000 个 OD 对在预先给定的行程时间可靠性要求下,算法每轮迭代后的当前最优解和最优解的平均相对误差 $\bar{\beta} = \frac{1}{1000}\sum_{i=1}^{1000}\beta_i$,衡量算法的路径搜索能力和计算效率。如图 8-9 所示,当迭代次数增加时,当前最优解与最优解之间的平均相对误差呈下降趋势。遗传算法的求解结果与种群规模关系密切,且种群规模越大,求解至最优解的概率越大。种群规模设置为 500 时,由 MHGA 得到的最终结果为最优解。在不同的行程时间可靠性需求下,对于 MHGA10 次迭代已足以使算法收敛至与最优解相对小的间隙(平均相对误差小于 1%)。为了比较算法性能,同类算法 UbiPaPaGo 的对比实验结果如图 8-9 所示。由 Wang 等[31]提出的 UbiPaPaGo 是一种基于空间概念图(Spatial conceptual map, SCM)和遗传算法的实用路径规划算法。

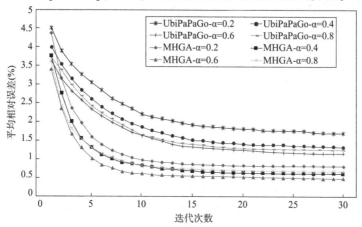

图 8-9　不同行程时间可靠性设定下的平均相对误差

此外,选择 500 个随机 OD 对和四种行程时间可靠性设置(0.2、0.4、0.6 和 0.8)用于算法搜索能力、收敛性和计算耗时的分析。MHGA 的结果见表 8-3,可见找到最优解的成功率随着 OD 距离的增加而减小。但当 OD 距离小于 10km 时,MGHA 的成功率超过 90%,而当 OD 距离大于 10km 时,算法找到的当前最优解与最优解之间的最大误差小于 10%,平均误差小于 1%。随着 OD 距离的增加,路径搜索算法将搜索更多的路段,所以平均计算时间上升。但是,MHGA 的平均计算时间小于 150ms,并可以找到最优或接近最优的可靠路径。因此,MHGA 算法可用于求解大规模网络中的可靠路径搜索问题。对比算法 UbiPaPaGo 的实验结果见表 8-4。得益于更多的迭代次数,当 OD 距离小于 5km 时,UbiPaPaGo 的成功率略高于 MHGA 的成功率。然而,在其他情况下,MHGA 求解得到的最优解的概率高于 UbiPaPaGo。此外,UbiPaPaGo 的平均计算时间是 MHGA 的 6 倍以上(当 OD 距离小于 5km 时甚至超过 10 倍)。因此,从实验结果可见,MHGA 具有比 UbiPaPaGo 更强的路径搜索能力和更短的计算时间。

**MHGA 搜索能力和计算时间结果**　　　　　　　　　　　　　表 8-3

| OD 距离 | <5km | 5~10km | >10km |
| --- | --- | --- | --- |
| 样本数 | 136 | 248 | 116 |
| 求解到最优解的成功率(%) | 98.53 | 90.15 | 72.41 |
| 与最优解的最大误差(%) | 6.39 | 8.74 | 9.16 |
| 平均误差(%) | 0.053 | 0.685 | 0.906 |
| 平均计算时间(ms) | 70.99 | 101.68 | 145.18 |

**UbiPaPaGo 搜索能力和计算时间结果**　　　　　　　　　　　表 8-4

| OD 距离 | <5km | 5~10km | >10km |
| --- | --- | --- | --- |
| 样本数 | 192 | 244 | 64 |
| 求解到最优解的成功率(%) | 99.48 | 77.05 | 62.50 |
| 与最优解的最大误差(%) | 2.08 | 9.15 | 13.24 |

续上表

| 平均误差(%) | 0.01 | 1.58 | 1.71 |
| --- | --- | --- | --- |
| 平均计算时间(ms) | 727.51 | 886.55 | 998.67 |

### 8.3.4 案例研究

设定三种行程时间可靠性需求(不可靠的 $\alpha=0.1$、一般可靠的 $\alpha=0.5$、可靠的 $\alpha=0.9$),分别代表冒险型、中立型和保守型出行需求的决策策略。可靠路径搜索算法MH-GA计算得出的工作日高峰和平峰的可靠最短路径结果如图8-10a)所示。可见,在同种行程时间可靠性需求下,不同时段的可靠最短路径不同。$\alpha=0.5$ 时,平峰时段的可靠最短路径的行程时间预算约为高峰时段的70%。当设置 $\alpha=0.1$ 时,三条路径的行程时间预算分别为 $TTB_1^{0.1}$、$TTB_2^{0.1}$ 和 $TTB_3^{0.1}$。路径3最优,因其行程时间预算最小($TTB_3^{0.1} < TTB_2^{0.1} < TTB_1^{0.1}$)。然而,如果出行者追求更可靠的路径,即使可能需要相对较长的时间,路径1和路径2将会更好。在高峰时段,当设置行程时间可靠性需求在0.25到0.7的范围内时,路径2更适合于出行者。但如果行程时间可靠性需求大于0.7,则路径1优于路径2。该示例表明在不同的行程时间可靠性偏好下 $\alpha$-可靠最短路径可能完全不同。因此,在出行前有必要根据出行者的可靠性风险偏好而搜索可靠最短路径。在平峰时段,三种行程时间可靠性需求下的可靠最短路径相同,均是沿着三环路行驶,如图8-10b)所示。该结果表明城市快速路在平峰时段比其他道路更可靠。然而,在高峰时段,过多的出行者选择在城市快速路上行驶,快速路变得拥挤,不如其他道路可靠。

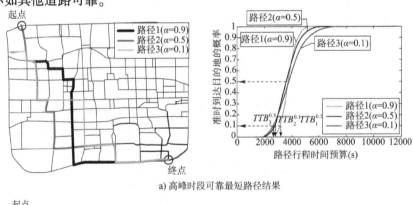

a) 高峰时段可靠最短路径结果

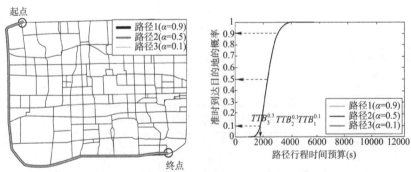

b) 平峰时段可靠最短路径结果

图8-10 不同行程时间可靠性需求下高平峰时段可靠最短路径结果

## 8.4 动态随机网络可靠路径搜索

### 8.4.1 问题描述

设有一个随机网络 $G=(N,A,\vartheta)$,其中 $N(|N|=n)$ 是节点集合,$A(|A|=m)$ 是路段集合,$\vartheta$ 代表考虑的时段。根据相关研究[21,32-33],时段 $\vartheta$ 可被离散化为多个小的时间区间,$\vartheta = \{0,\Delta_1,\Delta_2,\cdots,\Delta_k = k \times \Delta,\cdots\}$,其中 $k$ 是自然数,$\Delta$ 是时间区间的长度。每一个节点 $i$ 对应一个可直接到达的节点集合 $\varphi(i), i \in N$,和一个直接可到达节点 $i$ 的节点集合 $\varphi^{-1}(i), i \in N$。每一条从节点 $i$ 到节点 $j$ 的有向路段可被表示为 $a_{ij}$。路段在时间区间 $\tau$ 的行程时间是一个随机变量,可表示为 $t_{ij}^\tau, i,j \in N, \tau \in \vartheta$。

行程时间分布作为行程时间可靠性评价和可靠最短路径问题的基础,已被众多学者广泛研究。经典的随机分布常被用于行程时间分布的建模,包括,正态分布[34]、对数正态分布[35]、伽马分布[36]。基于行程时间服从正态分布的假设,学者们研究了考虑[37]和不考虑[13]路段关联性的可靠最短路径问题。然而,行程时间正态分布的假设太过严格以至于不符合实际情况。虽然正态分布具有良好的数学特性,便于公式推导和计算,但经验数据分析显示对数正态分布是对行程时间分布进行建模的更好选择。

因此,假设路段行程时间服从对数正态分布,对数正态分布的路段行程时间的 PDF 和 CDF 可表示如下:

$$f(t_{ij}^{\tau_{ij}}) = \frac{1}{\delta_{ij}^{\tau_{ij}} t_{ij}^{\tau_{ij}} \sqrt{2\pi}} \exp\left[-\frac{1}{2}\left(\frac{\ln(t_{ij}^{\tau_{ij}}) - \mu_{ij}^{\tau_{ij}}}{\delta_{ij}^{\tau_{ij}}}\right)^2\right] \tag{8-6}$$

$$F(t_i) = \Phi\left(\frac{\ln(t_{ij}^{\tau_{ij}}) - \mu_{ij}^{\tau_{ij}}}{\delta_{ij}^{\tau_{ij}}}\right) \tag{8-7}$$

其中,$t_{ij}^{\tau_{ij}}$ 表示路段 $a_{ij}$ 在时间区间 $\tau_{ij}$ 的行程时间;$\mu_{ij}^{\tau_{ij}}$ 表示路段 $a_{ij}$ 在时间区间 $\tau_{ij}$ 的行程时间的对数的平均值;$\delta_{ij}^{\tau_{ij}}$ 表示路段 $a_{ij}$ 在时间区间 $\tau_{ij}$ 的行程时间的对数的标准差;$\Phi$ 表示标准正态分布的 CDF。

在考虑路段时空关联性的动态随机网络中为异质出行者找到给定 OD 对之间的可靠路径问题可表示为:

$$P1: Z = \text{Min}\left\{\sum_{a_{ij} \in A} \mu_{ij}^{\tau_{ij}} x_{ij} + \alpha \delta_P\right\} \tag{8-8}$$

s.t.

$$\sum_{a_{ij} \in A} x_{ij} - \sum_{a_{ji} \in A} x_{ji} = g \tag{8-9}$$

$$g = \begin{cases} 1, & i = r \\ 0, & i \in N - \{r,s\} \\ -1, & i = s \end{cases} \tag{8-10}$$

其中,$\delta_P$ 是路径行程时间的标准差;$\alpha \in \{0,1\}$ 是目标函数中行程时间方差的系数,表示出行者的行程时间可靠性要求;$x_{ij} \in \{0,1\}$ 是决策变量,若 $x_{ij}=1$ 则表示路径包含路段 $a_{ij}$,否则不包含。

### 8.4.2 动态可靠路径搜索算法

本节提出一种 STCRSP-DMA* 算法,在考虑路段时空关联性的动态随机网络中搜索可靠最短路径。与传统 A* 算法[38]类似,STCRSP-DMA* 算法同样应用启发式评估函数 $F(i) = G(i) + h(i)$ 作为节点 $i \in N$ 的优先级标签。其中,$G(i)$ 是起点到节点 $i$ 的行程时间预算估值,$h(i)$ 是节点 $i$ 到终点的行程时间预算估值。通过使用该启发式评估函数,可在搜索路径时优先拓展更靠近目的地的节点,从而减少搜索的节点数量,并达到加速算法搜索速度的目的。

1)动态矩匹配法

在忽略路段关联性的情况下,可将各路段的 PDF 卷积递归计算路径行程时间的 PDF[8,39]。但是,存在相关性的对数正态分布的叠加分布没有闭式 PDF 或 CDF 表达式。Ji 等人[16]使用蒙特卡洛仿真法生成相关的对数正态分布路段行程时间,累加得到对数正态分布之和(Sum of lognormal distributions,SLN),即路径行程时间分布。然而,追求高计算精度意味着需要大量的计算时间。因此,为了在保证计算精度的同时减少计算量,拓展之前研究[40]中提出的对数正态近似方法,估计考虑多路段关联的动态随机网络中的路径行程时间分布。

路径行程时间分布可通过对数正态分布近似,其一阶原点矩 $M_P$ 和二阶中心矩 $D_P$ 分别等于路径包含的所有路段行程时间的一阶原点矩和协方差矩阵的所有元素之和。因此,在动态随机网络中,可以扩展该方法,使用动态矩匹配方法(Dynamic Moment-Matching Method,DMM)计算 $M_P$ 和 $D_P$:

$$M_P = \sum_{a_{ij} \in P} \mu_{ij}^{\tau_{ij}} \tag{8-11}$$

$$D_P = \sum_{a_{ij} \in P, a_{uw} \in P} \mathrm{Cov}(a_{ij}^{\tau_{ij}}, a_{uw}^{\tau_{uw}}) = \sum_{a_{ij} \in P} \delta_{ij}^{\tau_{ij}2} + \sum_{a_{ij} \in P, a_{uw} \in P, a_{ij} \neq a_{uw}} \rho_{ij,uw}^{\tau_{ij},\tau_{uw}} \delta_{ij}^{\tau_{ij}} \delta_{uw}^{\tau_{uw}} \tag{8-12}$$

其中,$a_{ij} \in A$ 表示路径 $P$ 所包含的路段;$\rho_{ij,uw}^{\tau_{ij},\tau_{uw}}$ 表示路段 $a_{ij}$ 在时间区间 $\tau_{ij}$ 的行程时间和路段 $a_{uw}$ 在时间区间 $\tau_{uw}$ 的行程时间的相关系数:

$$\rho_{ij,uw}^{\tau_{ij},\tau_{uw}} = \frac{\mathrm{cov}(a_{ij}^{\tau_{ij}}, a_{uw}^{\tau_{uw}})}{\delta_{ij}^{\tau_{ij}} \delta_{uw}^{\tau_{uw}}} \tag{8-13}$$

然后,计算近似对数正态分布的参数 $\mu_P$ 和 $\sigma_P$:

$$\mu_P = \ln(M_P^2 / \sqrt{M_P^2 + D_P}) \tag{8-14}$$

$$\sigma_P = \sqrt{\ln(1 + D_P / M_P^2)} \tag{8-15}$$

因此,当考虑路段关联性时,利用对数正态分布近似路径行程时间分布。动态矩匹配法可以方便地计算近似对数正态分布的参数。近似路径行程时间分布的对数正态分布用 $LN(\mu_P, \delta_P)$ 表示。路径 $P$ 在给定行程时间可靠性需求下的行程时间预算可根据 $LN(\mu_P, \delta_P)$ 的累积分布函数计算。根据 DMM,P1 被转化为如下问题:

$$P2: Z = \mathrm{Min}\left\{ \sum_{a_{ij} \in A} \mu_{ij}^{\tau_{ij}} x_{ij} \lambda \sqrt{\sum_{a_{ij} \in A} \delta_{ij}^{\tau_{ij}2} + \sum_{a_{ij} \in A, a_{uw} \in A 且 a_{ij} \neq a_{uw}} \rho_{ij,uw}^{\tau_{ij},\tau_{uw}} \delta_{ij}^{\tau_{ij}} \delta_{uw}^{\tau_{uw}} x_{ij} x_{uw}} \right\} \tag{8-16}$$

s. t.

$$\sum_{a_{ij} \in A} x_{ij} - \sum_{a_{ji} \in A} x_{ji} = g \tag{8-17}$$

$$g = \begin{cases} 1, & i = r \\ 0, & i \in N - \{r,s\} \\ -1, & i = s \end{cases} \tag{8-18}$$

2）算法流程

本节提出一种基于动态矩匹配法的 A* 算法（Dynamic moment-matching-based A* algorithm），命名为 STCRSP-DMA*，用于在考虑路段时空关联性的动态随机网络中求解可靠路径搜索问题。该算法利用启发式评估函数作为节点 $i$ 在时间区间 $\tau$ 的优先级标签，启发式函数如下：

$$F_i^\tau = G_i^\tau(\lambda) + h_i^\tau \tag{8-19}$$

其中，$\alpha \in \{0,1\}$ 是目标函数中行程时间方差的系数，代表出行者的行程时间可靠性要求；$G_i^\tau(\alpha)$ 是起点到节点 $i$ 的行程时间预算估值：

$$G_i^\tau(\alpha) = \varphi_i^{-1}(\alpha) \tag{8-20}$$

其中，$\varphi_i^{-1}$ 是当前路径（从起点 $r$ 到节点 $i$）的行程时间的反累积分布函数，其分布参数可由 DMM 确定，同时考虑了行程时间的动态更新。每个节点的 $G_i^\tau(\alpha)$ 会存储到 G-Score（GS）中。启发式函数值 $h_i^\tau$ 是时间区间 $\tau$ 下，节点 $i$ 到终点的行程时间预算估值：

$$h_i^\tau = \frac{\mathrm{MD}(i,s)}{\frac{1}{m}\sum_{a \in A} v_a^\tau} \tag{8-21}$$

其中，$\mathrm{MD}(i,s)$ 是节点 $i$ 和终点 $s$ 之间的曼哈顿距离；$m$ 是整个路网的路段数；$v_a^\tau$ 是路段 $a$ 在时间区间 $\tau$ 行驶速度。

在每次迭代中，在 Open 表（Open-List, OL）中 F-Score（FS）值最小的节点将被选作路径拓展节点。算法重复这一步骤直至终点被搜索到或 Open 表为空。基于 DMM 方法，总结 STCRSP-DMA* 的算法流程如下：

---

**算法：STCRSP-DMA***

**输入**：动态随机网络 $G = (N, A, \vartheta)$，起点 $r$，终点 $s$，行程时间可靠性需求 $\alpha$

**输出**：起点 $r$ 至终点 $s$ 的最优可靠路径

**步骤 1. 初始化**

定义 OD 对和行程时间可靠性需求 $\alpha$

计算网络中节点与终点的曼哈顿距离

cn = r，在 OL 插入 cn

**步骤 2. 搜索过程**

    While cn 不是 s

      cn = OL 中 FS 值最小的节点

      从 OL 中移除节点 cn，在 CL 中插入节点 cn

      For cn 的每个相邻节点 nn

        If nn 在 CL 中

          跳至下一个 nn

```
            End if
        GS_cur = DMM(cn, nn)
        Ifnn 不在 OL 中
            在 OL 中插入节点 nn
        Else ifGS_cur >= GS[nn]
            跳至下一个 nn
        End if
        CF[nn] = cn
        GS[nn] = GS_cur
        FS[nn] = GS[nn] + FS[nn]
    End for
End while
```
步骤3. 重构最优可靠路径
```
路径 P = {cn}
Whilecn ≠ r
    cn = CF[cn]
    路径 P 中加入节点 cn
End while
返回整条最优可靠路径
```

### 8.4.3 动态可靠路径搜索算法测试

在北京市三环网络中测试所提出的 STCRSP-DMA* 路径搜索算法。每条路段的行程时间每两分钟更新一次,被用于模拟实际路网中行程时间的实时变化过程。

首先,为了验证 STCRSP-DMA* 的性能,从实际网络中提取 500 个具有随机可靠性设置(0.2、0.4、0.6 或 0.8)的随机 OD 对,以进行测试和性能比较。OD 对根据其线性距离分为三类。算法使用 MATLAB 编码,并在具有四个 3.60GHz CPU 和 4GB RAM 的 Windows 10(64)PC 上进行测试。计算性能的结果见表 8-5。为了比较算法的性能,表 8-5 中列出了非支配排序遗传算法(Non-dominated sorting genetic algorithm, NSGA)的实验结果。Rajabi-Bahaabadi 等人[21]提出的 NSGA 是基于 NSGA-Ⅱ 的实用路径搜索算法,并使用 Taguchi 方法调整确定算法参数[26]。实验结果表明,STCRSP-DMA* 的计算时间比 NSGA 短,可见 STCRSP-DMA* 的计算效率明显高于 NSGA。

算法计算时间对比　　　　　　表 8-5

| OD 距离 | | <5km | 5~10 km | >10km |
|---|---|---|---|---|
| 样本数量 | | 184 | 233 | 83 |
| 平均计算时间(ms) | NSGA | 26.417 | 36.778 | 114.432 |
| | STCRSP-DMA* | 1.074 | 3.434 | 6.365 |

## 第8章 考虑多路段关联的随机网络可靠路径搜索

为了比较两种算法的搜索能力,定义两算法对于某一 OD 搜索到的最优路径结果的相对差异比(Relative difference ratio,RDR):

$$RDR = \frac{STCRSP-DMA^* \text{搜索结果的路径行程时间预算} - NSGA \text{搜索结果的路径行程时间预算}}{NSGA \text{搜索结果的路径行程时间预算}} \times 100\%$$

(8-22)

因此,$RDR > 0$ 表示 STCRSP-DMA$^*$ 找到的最佳路径比 NSGA 差;$RDR = 0$ 表示两种算法找到给定行程时间可靠性下行程时间预算相同的路径;$RDR < 0$ 表示 STCRSP-DMA$^*$ 找到更好的路径。如图 8-11 所示,(121/500 =)24.2% 的 OD 下 NSGA 找到更好的路径解,(88/500 =)17.6% 的 OD 下两种算法找到行程时间预算相同的路径解。另外,(291/500 =)58.2% 的 OD 下 STCRSP-DMA$^*$ 找到了更好的路径解。三类距离的 OD 下,综合结果见表8-6。可见,随着 OD 距离的增加,STCRSP-DMA$^*$ 搜索到更优解的概率逐渐增大,路径搜索能力相对较强。

算法搜索能力对比　　　　　　　　　　　　　　　　　表 8-6

| OD 距离 | <5km | 5~10km | >10km |
|---|---|---|---|
| 样本数量 | 184 | 233 | 83 |
| NSGA 搜索结果更优的比率 | 24.46% | 26.18% | 18.07% |
| 搜索结果相同的比率 | 38.04% | 7.73% | 0.00% |
| STCRSP-DMA$^*$ 搜索结果更优的比率 | 37.50% | 66.09% | 81.93% |
| NSGA 更优时 RDR 的均值 | 0.86% | 0.63% | 0.61% |
| STCRSP-DMA$^*$ 更优时 RDR 的均值 | -5.07% | -6.82% | -9.99% |

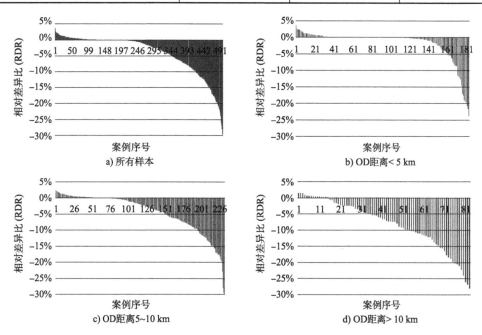

图 8-11　STCRSP-DMA$^*$ 和 NSGA 搜索结果的相对差异比

### 8.4.4 案例研究

本节将举例说明不同行程时间可靠性需求下 STCRSP-DMA* 搜索到的最优可靠路径结果。设置三种准时到达概率(可靠 $\alpha=0.9$,一般可靠 $\alpha=0.5$,不可靠 $\alpha=0.1$),分别代表保守型,中立型和冒险型的出行决策策略对应的行程时间可靠性需求。OD1 是从北京西站到机场高速公路入口。STCRSP-DMA* 算法找到的相应最优可靠路径如图 8-12a)所示。当准时到达概率等于 0.1 时,路径 3 最佳,因其行程时间预算最少。然而,如果出行者想要选择更可靠的路径,路径 1 和路径 2 会更好,但需要相对较长的行程时间预算。如果设置行程时间可靠性需求在 0.45 到 0.75 的范围内,则路径 2 更适合于出行者。当行程时间可靠性需求设置得大于 0.75 时,路径 1 优于路径 2。另一个案例如图 8-12b)所示。如果行程时间可靠性需求低于 0.27,则路径 1 最佳。如果 $\alpha$ 设定在 0.27 至 0.87 的范围内,则路径 2 更好。否则,路径 3 是出行者的最佳选择。以上案例证明 $\alpha$-可靠路径可能因不同的行程时间可靠性需求而完全不同。因此,在寻找最佳路径时有必要考虑出行者的行程时间可靠性需求和风险偏好。

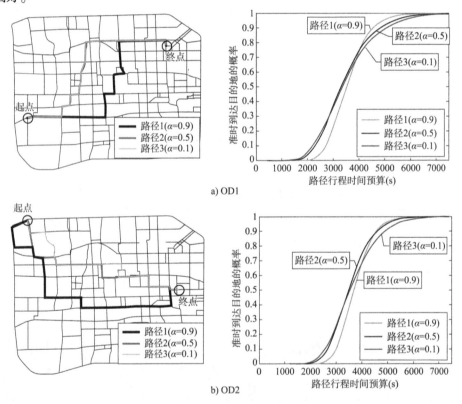

图 8-12 不同行程时间可靠性需求下的最优可靠路径结果

### 参 考 文 献

[1] Dijkstra E. A note on two problems inconnexion with graphs[J]. Numerische Mathematics,

1959, 1(1), 269-271.

[2] Floyd R. Algorithm 97: Shortest path[J]. ACM, 1962.

[3] Hall R. The Fastestpath through a network with random time-dependent travel times[J]. Transportation Science, 1986, 20(3): 182-188.

[4] Hart P, Nilsson N, Raphael B. A Formalbasis for the heuristic determination of minimum cost paths[J]. IEEE Transactions on Systems Science and Cybernetics, 2007, 4(2): 100-107.

[5] Goldberg A, Harrelson C. Computing the shortest path: a search meets graph theory[J]. SODA, 2005, 5: 156-165.

[6] 谭国真. 时变随机网络最优路径算法及其应用研究[D]. 大连: 大连理工大学, 2002.

[7] 谭国真, 高文. 时间依赖的网络中最小时间路径算法[J]. 计算机学报, 2002, 25(2): 165-172.

[8] Nie Y, Wu X, Dillenburg J, et al. Reliable route guidance: a case study from Chicago[J]. Transportation Research Part A: Policy and Practice, 2012, 46(2): 403-419.

[9] Frank H. Shortest Paths in Probabilistic Graphs[J]. Operations Research, 1969, 17(4): 583-599.

[10] Nie Y, Wu X. Shortest path problem considering on-time arrival probability[J]. Transportation Research Part B: Methodological, 2009, 43(6): 597-613.

[11] Nie Y, Fan Y. Arriving-on-time problem: discrete algorithm that ensures convergence[J]. Transportation Research Record, 2006, 1964(1): 193-200.

[12] Chen A, Ji Z. Path finding under uncertainty[J]. Journal of Advanced Transportation, 2005, 39(1): 19-37.

[13] Chen B, Lam W, Sumalee A, et al. Finding reliable shortest paths in road networks under uncertainty[J]. Networks and Spatial Economics, 2013, 13(2): 123-148.

[14] Wu X, Nie Y. Modeling heterogeneous risk-taking behavior in route choice: astochastic dominance approach[J]. Transportation Research Part A: Policy and Practice, 2011, 45(9): 896-915.

[15] Chen B, Lam W, Sumalee A, et al. Reliableshortest path problems in stochastic time-dependent networks[J]. Journal of Intelligent Transportation Systems, 2014, 18(2): 177-189.

[16] Ji Z, Yong S, Chen A. Multi-objective α-reliable path finding in stochastic networks with correlated link costs: a simulation-based multi-objective genetic algorithm approach (SMOGA)[J]. Expert Systems with Applications, 2011, 38(3): 1515-1528.

[17] Srinivasan K, Prakash A, Seshadri R. Finding most reliable paths on networks with correlated and shifted log-normal travel times[J]. Transportation Research Part B: Methodological, 2014, 66(8): 110-128.

[18] Zeng W, Miwa T, Wakita Y, et al. Application oflagrangian relaxation approach to α-reliable path finding in stochastic networks with correlated link travel times[J]. Transportation

Research Part C: Emerging Technologies, 2015, 56: 309-334.

[19] Zhang Y, Shen Z, Song S. Lagrangian relaxation for the reliable shortest path problem with correlated link travel times[J]. Transportation Research Part B: Methodological, 2017, 104: 201-521.

[20] Cooke K, Halsey E. The shortest route through a network with time-dependent internodal transit times[J]. Journal of Mathematical Analysis and Applications, 1966, 14(3): 493-498.

[21] Rajabi-Bahaabadi M, Shariat-Mohaymany A, Babaei M, et al. Multi-objective path finding in stochastic time-dependent road networks using non-dominated sorting genetic algorithm [J]. Expert Systems with Applications, 2015, 42(12): 5056-5064.

[22] Yang L, Zhou X. Optimizing on-time arrival probability and percentile travel time for elementary path finding in time-dependent transportation networks: linear mixed integer programming reformulations[J]. Transportation Research Part B: Methodological, 2017, 96: 68-91.

[23] Ramezani M, Geroliminis N. On the estimation of arterial route travel time distribution with Markov chains[J]. Transportation Research Part B: Methodological, 2012, 46(10): 1576-1590.

[24] Ma Z, Koutsopoulos H, Ferreira L, et al. Estimation of trip travel time distribution using a generalized Markov chain approach[J]. Transportation Research Part C: Emerging Technologies, 2017, 74: 1-21.

[25] Holland J. Adaptation in natural and artificial systems[J]. Quarterly Review of Biology, 1975, 6(2): 126-137.

[26] Taguchi G, Chowdhury S, Wu Y. Taguchi'squality engineering handbook[J]. Technometrics, 2005, 49(2): 224-225.

[27] Chang W, Ramakrishna R. A genetic algorithm for shortest path routing problem and the sizing of populations[J]. IEEE Transactions on Evolutionary Computation, 2002, 6(6): 566-579.

[28] Mooney P, Winstanley A. An evolutionary algorithm for multicriteria path optimization problems[J]. International Journal of Geographical Information Science, 2006, 20(4): 401-423.

[29] Pangilinan J, Janssens G. Evolutionaryalgorithms for the multiobjective shortest path problem[J]. Enformatika, 2007, 4(1): 205-210.

[30] Gomez-Sanchez M. Genetic algorithms and simulation applied to optimization: the stochastic shortest path model[D]. New Mexico State University, 2001.

[31] Wang C, Hwang R, Ting C. UbiPaPaGo: Context-aware path planning[J]. Expert Systems with Applications, 2011, 38(4): 4150-4161.

[32] Prakash A. Pruning algorithm for the least expected travel time path on stochastic and time-dependent networks[J]. Transportation Research Part B: Methodological, 2018, 108

(2018): 127-147.

[33] Miller-Hooks E, Mahmassani H. Least expected time paths in stochastic, time-varying transportation networks[J]. Transportation Science, 2000, 34(2): 198-215.

[34] Seshadri R, Srinivasan K. Algorithm fordetermining most reliable travel time path on network with normally distributed and correlated link travel times[J]. Transportation Research Record, 2010, 2196(1): 83-92.

[35] Kaparias I, Bell M. Belzner H. A new measure of travel time reliability for in-vehicle navigation systems[J]. Journal of Intelligent Transportation Systems, 2008, 12(4): 202-211.

[36] Polus A. A study of travel time and reliability on arterial routes[J]. Transportation, 1979, 8(2): 141-151.

[37] Chen B, Li Q, Lam W. Finding the k reliable shortest paths under travel time uncertainty[J]. Transportation Research Part B: Methodological, 2016, 94: 189-203.

[38] Zeng W, Church R. Finding shortest paths on real road networks: the case for A[J]. International Journal of Geographical Information Science, 23(4), 531-543.

[39] Lei F, Wang Y, Lu G, et al. A travel time reliability model of urban expressways with varying levels of service[J]. Transportation Research Part C: Emerging Technologies, 2014, 48(48): 453-467.

[40] Chen P, Tong R, Lu G, et al. The α-reliablepath problem in stochastic road networks with link correlations: amoment-matching-based path finding algorithm[J]. Expert Systems with Applications, 2018, 110: 20-32.